互联网

销售 营销 推广一册通

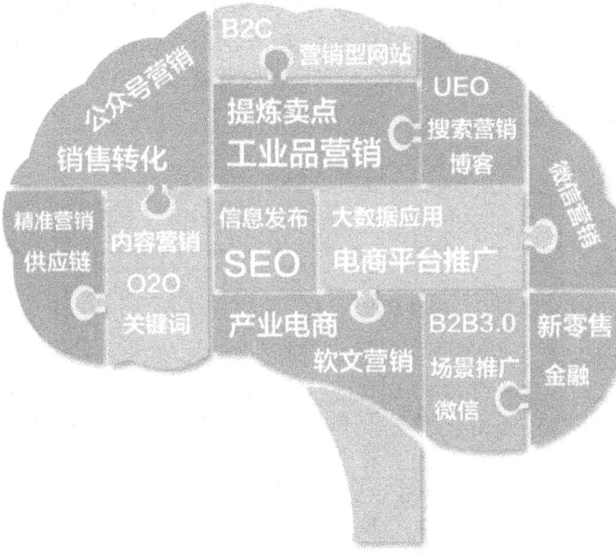

罗建国 著

人 民 邮 电 出 版 社
北 京

图书在版编目（CIP）数据

互联网销售营销推广一册通 / 罗建国著. -- 北京 :
人民邮电出版社, 2017.11
ISBN 978-7-115-46885-7

Ⅰ. ①互… Ⅱ. ①罗… Ⅲ. ①网络营销 Ⅳ.
①F713.365.2

中国版本图书馆CIP数据核字(2017)第250709号

内容提要

本书架构清晰，实战性强，全书共分为 9 章，第 1 章、第 2 章主要介绍互联网销售的最新背景和环境体系。第 3 章到第 7 章主要描述互联网销售常用的营销推广策略，具体包括内容营销、精准营销、营销型网站、电商平台营销、微信营销等。第 8 章、第 9 章介绍互联网营销的执行支撑体系，包括基本物料策划准备和团队打造。

本书适合于企业电子商务人员、传统渠道业务岗等营销相关人员。同时也欢迎更多互联网营销高手、正在或准备尝试互联网营销工作，以及对互联网营销相关知识感兴趣的朋友们一起来了解。

◆ 著　　　罗建国
责任编辑　赵　轩
责任印制　焦志炜

◆ 人民邮电出版社出版发行　北京市丰台区成寿寺路 11 号
邮编　100164　电子邮件　315@ptpress.com.cn
网址　http://www.ptpress.com.cn
北京虎彩文化传播有限公司印刷

◆ 开本：720×960　1/16
印张：10　　2017 年 11 月第 1 版
字数：197 千字　　2024 年 8 月北京第 4 次印刷

定价：49.00 元

读者服务热线：(010)81055410　印装质量热线：(010)81055316
反盗版热线：(010)81055315
广告经营许可证：京东市监广登字 20170147 号

前言

PREFACE

亲爱的朋友，你正在看的这本书，由一线营销人员根据多年的实战经验编写而成，书中内容源自笔者近 10 年的互联网销售、运营实践。互联网是一个宽广的领域，随便从一个点切入都有很多值得研究的，但研究和实用还是有很大的差距，抛开那些高大上的理论研究，笔者把互联网营销中最实用的方法策略分享出来，希望与您共同探讨。

互联网之于商务应用，在国内也没几年历史。所以和大部分人一样，笔者也是从对互联网营销推广一无所知的小白阶段逐步成长起来的，初期也是去听课、在网上搜相关的方法和技巧，后来在实践中慢慢发现，老师讲的不一定完全能用上，网上学的也不一定就可以用，关键要看具体推广的产品，否则可能事倍功半、一无所获甚至信心受挫。

创业站长启程

笔者开始接触网络推广是从 2008 年开始的，到现在也算有近 10 年经验的“老兵”了。记得彼时还在大学校园，对互联网很感兴趣，充满遐想，便创办了一个叫校园折扣网的网站。网站一开始主打团购，那时候团购还没开始大火，不怎么好做，也缺乏运营经验，流量上不去，后来调整方向改做分类信息，类似于 58 同城。网站开始正常运营，我也正式成为了一名创业站长。

现在回想起来，做一名创业站长真的很辛苦，从网站页面的布局、网站内容的规划，到制作推广目标、落实推广方案，大大小小很多事情要做。白天别的同学在打扑克玩游戏时，我在搞网站推广；晚上舍友们鼾声四起时，我还在搞网站推广，忙得不亦乐乎。就这样，在将近一年半时间里，我几乎看遍了网络上能搜到的所有关于网络推广的文章，也尝试了各种推广方法，在当时可以算是个网络推广草根高手了。这段经历为我打开了通向互联网营销推广的第一扇窗，我非常庆幸人生中有这段美好的旅程。

实战积累成长

然而，我懂的只是推广，并没有销售环节。真正意义上涉及网络营销，是在我成为一名网络营销顾问开始的，因为我的工作就是促使并帮助更多的客户开展网络营销。由于我曾经的个人站长经历，在互联网推广方面比较突出，因此在公司接受一段时间的行业培训后，我立刻精准地去搜索相关商人论坛，学习产品销售知识，学习销售谈判技巧等。我发现，原来真正的要在网上卖产品，是一门非常高深的学问：统一规划、准备产品文案、包装宣传、选择平台、信息发布及更新、客户来电答疑、在线谈判话术、产品展示、询盘回复技巧、价格策略、突破信任等，大大小小要解决几十个问题，任何一个细节都需要认真操作，否则就可能影响最终效果，可谓细节决定成败。

王国维《人间词话》有语：古今之成大事业、大学问者，必经过三种之境界，“昨夜西风凋碧树，独上高楼，望尽天涯路。”此第一境也；“衣带渐宽终不悔，为伊消得人憔悴。”此第二境也；“众里寻他千百度，蓦然回首，那人却在灯火阑珊处。”此第三境也。网络营销其实也需要这样一个阶段，首先是要着眼全局，了解网络营销趋势，下定决心，确定目标；然后为了既定目标，制订一套可操作的方案，并百分百坚持不断地执行；最后当我们熟悉了互联网思维，将各种网络营销方法整合运用时，就会发现，原来网络营销就像呼吸一样自然。

总结、分享、提升

其实，很早就有写一本书的想法，有感于很多客户在我们的支持下，驾驭互联网营销的能力越来越强。但工作中很多时候都是在为客户做服务，即便客户公司的网络营销效果再好，自己的成就感却没有那么直观、那么强烈。直到我有机会负责项目时，那一笔笔的网络订单，那一批批的真金白银让我疯狂，我开始有了强烈的愿望，要将这么多年的实践方法和感悟进行总结并分享出来。

关于网络营销和互联网推广，目前有很多相关的书籍，也有很多的培训机构在讲。为了更有针对性，本书定位为实战型读本，因此除了必要的分析和解释外，都是以实际操作为纲领。如果您是企业董事长、总经理、营销负责人、电子商务负责人、传统渠道业务员，或者网上直销、微商、地推电商、在线客服等网络营销相关岗位，不管是在战略层、策略层还是执行层，相信本书能在一定程度上支持到您。特别说明，基于我对制造产业的热衷和感悟，如果您的经营类别属于分销、批发、代理、加盟性质，或者生产销售的产品大类属于原材料、半成品或工业用品，那么不管您现在有没有开始涉足电子商务，这本书都值得了解。同时也欢迎更多网络营销高手、乐于学习或准备尝试网络营销工作，即将走向网络营销相关岗位的朋友们一起来了解。

我要趁此机会感谢云南老家的父母和家人，在他们的支持和关爱下，我能从云南偏远的大山村里走出来闯荡“江湖”，他们是伟大的。感谢我的爱人，一路走来有她的陪伴和携手，给我一往无前的动力，在我深夜创作困乏时，会为我冲上咖啡，在我周末需要安静时，会默默陪我在图书馆待上 12 小时，这种支持和理解无以言表。感谢人民邮电出版社赵轩老师，他的大力推荐和高效率推进，对这本书的重要性不言而喻。还有很多领导、师友给我提供指导建议，对我启发很大，限于篇幅，一并致谢。

由于时间、水平有限，本书仍会有诸多不足，期待读者批评指正。如果您喜欢本书，买一本送给朋友，共同分享；如果您不喜欢本书，买一本送给朋友，结伴拍砖。

罗建国

目录

CONTENTS

第1章 互联网新销售

1.1 新零售已来 / 002

1.1.1 “新零售”概念 / 002

1.1.2 传统零售模式转变 / 003

1.2 产业电商大势所趋 / 004

1.2.1 中国企业互联网全面普及 / 004

1.2.2 企业电子商务活动 / 005

1.2.3 “互联网 +”产业融合加速 / 008

1.2.4 供应链金融价值延伸 / 008

1.2.5 颠覆与被颠覆 / 009

1.2.6 企业触网类型 / 010

1.3 B2C 业务与 B2B 业务的差异 / 010

1.3.1 客户规模不同 / 011

1.3.2 交易单价不同 / 011

1.3.3 决策方式不同 / 012

1.3.4 关注角度不同 / 012

1.3.5 购买流程不同 / 013

1.3.6 成交周期不同 / 013
1.3.7 品牌理念不同 / 013
1.4 解读互联网营销 / 014
1.4.1 什么是互联网营销 / 014
1.4.2 网络推广关键术语 / 015
1.4.3 网址、域名、网站 / 016
1.4.4 离不开的搜索引擎 / 016
1.4.5 流量及流量来源 / 017

第2章 网络营销规划与执行

2.1 网络营销规划 / 021
2.1.1 网络营销顶层战略 / 021
2.1.2 网络营销目标设定 / 022
2.1.3 制定网络营销方案 / 023
2.2 网络营销定位 / 024
2.2.1 目标客户定位 / 025
2.2.2 品牌定位 / 025
2.2.3 营销策略定位 / 026
2.2.4 营销媒介定位 / 027
2.2.5 核心产品定位 / 028
2.2.6 产品卖点定位 / 028
2.2.7 核心关键词定位 / 028
2.3 互联网营销服务体系 / 029
2.3.1 网络营销培训 / 029
2.3.2 网络营销代运营 / 030
2.3.3 网站建设 / 031
2.3.4 网络营销策划 / 031
2.3.5 商务网站平台 / 031

2.4 优选网络营销运营商 / 032
2.4.1 查验待选企业的资质 / 032
2.4.2 考察待选企业的成功案例 / 032
2.4.3 听其言观其行 / 032
2.4.4 热炒概念的要小心 / 033
2.4.5 过分承诺效果不可信 / 033
2.4.6 索要“试用资格” / 033
2.4.7 太高深莫测的不靠谱 / 033
2.4.8 不要过于相信“权威” / 034
2.4.9 诋毁同行的要注意 / 034

第3章 **内容营销，全面开花**

3.1 信息发布关乎成交 / 036
3.2 内容营销策略 / 038
3.2.1 热点型内容策略 / 038
3.2.2 时效型内容策略 / 039
3.2.3 知识型内容策略 / 039
3.3 信息标题编写技巧 / 039
3.3.1 标题应控制在 30 字以内 / 040
3.3.2 标题应包含关键词 / 040
3.3.3 切忌堆砌关键词 / 040
3.3.4 标题不能重复 / 040
3.3.5 标题要有吸引力 / 040
3.4 信息内容编写技巧 / 041
3.4.1 内容和标题相符 / 041
3.4.2 排版整洁美观 / 041
3.4.3 信息重点突出 / 041
3.4.4 关键词嵌入合理 / 041

3.4.5 图文结合发布 / 042
3.4.6 用图片传递价值 / 042
3.5 内容发布的策略 / 043
3.5.1 文案准备 / 043
3.5.2 选择平台 / 043
3.5.3 注册账号 / 044
3.5.4 设置账号 / 044
3.5.5 发布测试 / 044
3.5.6 信息查看 / 045
3.5.7 大量发布 / 045
3.5.8 持续维护 / 045
3.6 内容营销渠道 / 046
3.6.1 论坛营销 / 046
3.6.2 博客营销 / 047
3.6.3 软文营销 / 047
3.6.4 视频营销 / 047
3.6.5 问答营销 / 048
3.6.6 文库营销 / 048
3.6.7 百度系营销 / 049

第4章 精准营销，直击客户 / 053

4.1 精准搜索营销解密 / 054
4.1.1 搜索引擎 3 个发展阶段 / 054
4.1.2 搜索引擎工作原理 / 055
4.1.3 搜索引擎工作过程 / 056
4.1.4 搜索引擎收录解析 / 057
4.1.5 搜索引擎排序解析 / 057
4.2 关键词精准提炼 / 061

4.2.1 产品与竞品分析 / 061
4.2.2 关键词提炼分析 / 061
4.2.3 逐步确定关键词 / 061
4.3 关键词拓展策略 / 062
4.3.1 1 个属性词 + 关键词 / 062
4.3.2 多个属性词 + 关键词 / 062
4.3.3 通用词 + 关键词 / 063
4.3.4 一句话型关键词 / 064
4.4 精准数据库营销解密 / 064
4.4.1 数据需求归类 / 064
4.4.2 营销数据采集 / 065
4.4.3 营销数据整理 / 066
4.4.4 数据分析和应用 / 067
4.4.5 数据库与精准营销 / 067

第5章 营销型网站，聚焦转化

5.1 营销型网站不限于企业官网 / 070
5.1.1 营销型网站是能持续经营的平台 / 070
5.1.2 营销型网站是你唯一最重视的平台 / 070
5.1.3 营销型网站是需用心投入的平台 / 070
5.2 营销型网站运营指南 / 071
5.2.1 每个页面要独立 meta 标签 / 071
5.2.2 网站结构要扁平化 / 071
5.2.3 文件目录结构优化 / 072
5.2.4 导航用带链接文字 / 073
5.2.5 全站突出核心关键词 / 073
5.2.6 主动推送网页给搜索引擎 / 073
5.2.7 其他优化相关的功能 / 074

5.3 营销型网站订单转化 / 075
5.3.1 明确网站定位 / 075
5.3.2 布局网站结构 / 075
5.3.3 重视用户体验 / 076
5.3.4 强化销售转化 / 076
5.3.5 分析网站数据 / 077

第6章 电商平台，推广优选

6.1 电商平台的类型 / 080
6.1.1 信息展示型网站 / 080
6.1.2 商务撮合型网站 / 080
6.1.3 在线交易型网站 / 081
6.2 电商平台的作用 / 081
6.2.1 降低采购成本 / 082
6.2.2 降低库存成本 / 082
6.2.3 缩短周转周期 / 082
6.2.4 扩大市场机会 / 082
6.3 如何选择电商平台 / 083
6.3.1 参考同行的经验 / 083
6.3.2 通过关键词搜索 / 083
6.3.3 通过商务网址导航查找 / 083
6.3.4 通过行业展会寻找 / 083
6.4 怎样评估电商平台实力 / 084
6.4.1 看网站数据 / 084
6.4.2 看媒体宣传 / 085
6.4.3 分析网站供应商 / 085
6.4.4 分析网站询盘量 / 085
6.4.5 了解网站口碑 / 085

6.5 电商平台的应用 / 086
6.5.1 主次分明及时维护 / 087
6.5.2 用户名、密码管理 / 087

第7章 微信营销，塑造品牌

7.1 公众号定位 / 090
7.1.1 目标定位：明晰思路，理性分析 / 090
7.1.2 受众定位：精确粉丝，宁缺毋滥 / 091
7.1.3 竞争定位：要么第一，要么唯一 / 091
7.1.4 功能定位：强化印象，塑造形象 / 092
7.1.5 内容定位：立足优势，量力而为 / 093
7.2 公众号建设 / 093
7.2.1 微信公众平台注册 / 093
7.2.2 取好名称，快人一步 / 095
7.2.3 被添加自动回复 / 096
7.2.4 关键词自动回复 / 096
7.2.5 消息自动回复 / 099
7.3 公众号运营 / 099
7.3.1 实现目标需要运营计划 / 099
7.3.2 内容和风格要独具调性 / 100
7.3.3 群发重在质量而非数量 / 100
7.3.4 分析数据持续优化运营 / 101
7.3.5 有爆点才可能打造爆文 / 102
7.4 公众号推广 / 103
7.4.1 公司内部推广 / 104
7.4.2 线下场景推广 / 104
7.4.3 社交软件推广 / 105
7.4.4 外部引流推广 / 106

7.4.5 交换资源互推 / 107
7.4.6 微信活动推广 / 107
7.4.7 微信搜索优化 / 108
7.5 个人微信号营销 / 109
7.5.1 个人号也风牛 / 109
7.5.2 个人号基础资料设置 / 110
7.5.3 微信批量添加目标客户 / 111
7.5.4 微信号精准营销 / 113
7.5.5 如何发朋友圈的信息 / 114
7.5.6 朋友圈互动 / 115

第8章 营销执行，线上线下结合

8.1 编写企业简介 / 117
8.1.1 切忌随意夸张 / 118
8.1.2 切忌照搬照抄 / 118
8.1.3 重点优势要突出 / 118
8.1.4 准备不同版本 / 118
8.2 编写产品详情 / 119
8.2.1 提炼产品原始信息 / 120
8.2.2 挖掘产品核心卖点 / 120
8.2.3 确定详情页主基调 / 121
8.2.4 布局详情页内容 / 121
8.3 整理并设计产品报价单 / 125
8.4 塑造产品独特卖点 / 126
8.4.1 为什么要塑造产品卖点 / 126
8.4.2 提炼产品卖点四个原则 / 127
8.4.3 产品卖点：彰显 3 个方面 16 个优势 / 128
8.5 妥善解决报价问题 / 130

8.5.1 常规产品随时掌握价格 / 130
8.5.2 非常规产品随时核价 / 130
8.5.3 报价要及时 / 130
8.5.4 报价要专业 / 131
8.5.5 报价要留余地 / 131
8.5.6 报价要跟进 / 131
8.5.7 把报价当起点 / 131

第9章 网络营销团队打造

9.1 网络营销岗位划分 / 133
9.2 企业一把手的职责 / 134
9.2.1 决定企业网络营销战略 / 134
9.2.2 商定网络营销重要事项 / 134
9.2.3 监督网络营销进展 / 135
9.3 网络营销负责人的职责 / 136
9.3.1 计划公司的网络营销中短期目标 / 136
9.3.2 分解和落实目标的跟进执行 / 136
9.3.3 网络营销各岗位的工作联动 / 136
9.3.4 协调公司网络营销的内外部资源 / 136
9.3.5 管理协调网络营销部门 / 137
9.4 网络营销推广岗位的职责 / 137
9.4.1 确定网络营销客户群 / 137
9.4.2 网络营销平台选择 / 137
9.4.3 信息发布管理 / 137
9.4.4 广告渠道管理 / 137
9.4.5 了解主要竞争对手 / 138
9.5 网络营销文案岗位的职责 / 138
9.5.1 编写企业常规文案 / 138

9.5.2 编写产品常规文案 / 138
9.5.3 编写品牌和产品宣传文案 / 138
9.5.4 整理和转发行业重要资讯 / 138
9.6 网络营销业务岗位的职责 / 139
9.6.1 拟定销售计划 / 139
9.6.2 及时响应客户的咨询 / 139
9.6.3 跟进促成业务订单 / 139
9.6.4 主动推销 / 139
9.6.5 客户订单跟进 / 139
9.7 网络营销人才选用 / 140
9.7.1 内部挖掘人才 / 140
9.7.2 外部招聘人才 / 140

第 1 章
互联网新销售

在斯坦福商学院China2.0论坛上，优酷土豆集团董事长古永锵第一次提出“O+O”概念。他讲到，刚刚见了一群来自中国20多家不同互联网企业的硅谷风险投资者告诉他，他们观察到“中国的线上线下对接发展速度比美国更快，范围涉及从金融服务、娱乐、电信、到教育的多个领域。这是由于中国互联网行业竞争激烈、变化迅速，因此O+O的趋势及其对线下企业的冲击在中国可能更快、更触及根本。”

古永锵提到的“O+O”模式，揭示了线上线下产业链打通之后，产业所达到“融合”的一种状态和境界，并且随着O+O趋势的持续，未来可能不会只是存在单纯的线上企业或线下企业。

1.1 新零售已来

2016年10月13日上午，在2016杭州·云栖大会上，阿里巴巴董事局主席马云发表主题演讲，他说：“从明年开始，阿里巴巴将不再提‘电子商务’这个说法。纯电商的时代很快就会结束，未来的十年、二十年将没有电子商务，取而代之的是‘新零售’。线上线下和物流结合在一起，才会产生新零售。”

在全球范围内，零售商和电商都在从单一渠道转向覆盖实体店、电商、移动端和社会化媒体的全渠道零售体系。正如马云所说，一个新零售格局已经悄然形成，零售实体与电商和睦相处，线上线下加速融合的全新时代已经来临！

1.1.1 “新零售”概念

“新零售”概念抛出后迅速引起了大众热议，并且很快作为一个正式的名词流传开来。对于新零售的定义，业界大佬们从多个方面为大家进行解读新零售更深层次的意义。

阿里巴巴集团董事局主席马云：互联网时代，传统零售行业受到了电商互联网的冲击。未来，线下与线上零售将深度结合，再加现代物流，服务商利用大数据、云计算等创新技术，构成未来新零售的概念。纯电商的时代很快将结束，纯零售的形式也将被打破，新零售将引领未来全新的商业模式。

万达集团董事长王健林：新一代万达广场也正在几个城市中进行试验，零售比重压缩到了20%，进一步提升娱乐、文化品类。实体如果能够果断运用互联网工具的话，会拥有更加美好的未来。

小米科技董事长雷军：我觉得不管是电商，还是线下的连锁店、零售店，本质上要改善效率，只有改善效率，中国的产品才会越来越好，中国老百姓的购买需求才会极大地释放出来。

步步高集团总裁陈志强：我们无需纠结于新和旧，传统和过去，现在和未来，新零售告诉我们要着眼于未来，商业同样如此。无论是线上还是线下，其实都是一个平台，我们说电商是个平台，实体零售本身就是一个平台。在平台上，你怎么经营，可以有裂变，也可以重复，场景也可以产生变化，消费者要求的是一种极致舒适的幸福感体验。

海尔集团电商 CMO 曾庆俐：我们希望企业和用户能够真正融为一体，来创造最佳的用户体验。对于用户来讲，大规模定制化的解决方案，真正实现用户和企业零距离。对企业来讲，达到互联工厂新模式，要颠覆掉现有（家电）行业制造的体系。

总结起来，新零售的最大趋势是线上线下相结合，而以往电子商务冲击传统产业的说法也将被否定，电商与线下实体商业，应该由原先的独立、冲突，走向混合、融合，通过精准化定位目标群体、体验经济模式，去了解消费者，满足并引导消费需求，以达到消费升级。对零售商而言，也能结合软件和大数据分析预测消费数据，把控生产，实现零售升级。

在新零售概念的影响下，零售业的发展趋势已逐渐清晰。在讨论新零售的未来方向和市场机遇之前，我们先来回顾一下这些年我国零售业的变迁，再来看新零售之后的可能。

1.1.2 传统零售模式转变

《2016—2021 年中国零售企业行业市场需求与投资咨询报告》认为，今天中国的消费者希望在任何时候、任何地点、任何方式得到购买需求的满足，因此零售商必须分析如何在不同的触点和消费者互动，通过数字化门店改造，技术创新和对消费者购买路径与购物使命的洞察，实现业务增长。

阿里巴巴 CEO 张勇曾说，“利用互联网的思想和技术去全面改革和升级现有的约 30 万亿社会零售商总量，使得中国消费者日益升级的消费需求可以得到有效的满足，也使得整个商品生产、流通、服务的过程因为互联网、大数据的广泛运用变得更加高效。”所以，传统零售商开始从流量、效率、销售等方面改进其零售模式。

首先是积极铺设线上渠道，并想方设法与线下实体店产生关联，形成线上、线下互相导流的态势，同时利用线下实体店与线上渠道进行互补。

第二就是提升效率和效能，对于此，一个广泛运用的理念就是“少大于多”，一方面，众多商家选择由大变小，在城市中心开设便利店，取代原有的大型购物商场；另一方面，利用大数据进行精准定位，对每一个店的每一个产品精挑细选，用少量的 SKU（Stock Keeping Unit，即库存量单位）满足较大辐射半径范围内的消费需求。

第三是改变销售方式，侧重便利性和服务。为满足消费者对便利性的追求，传统零售店纷纷推出当日速递服务，大量的订单可以从这些门店发货，在某种程度上传统的零售终端变成了“配货中心”。

1.2 产业电商大势所趋

中国互联网络信息中心（CNNIC）发布的第 39 次《中国互联网络发展状况统计报告》显示，中国网民规模达 7.31 亿，相当于欧洲人口总量。中国互联网行业整体向规范化、价值化发展，同时，移动互联网推动消费模式共享化、设备智能化和场景多元化。

中国企业的计算机使用、互联网使用以及宽带接入已全面普及，分别达 99.0%、95.6% 和 93.7%。在信息沟通类互联网应用、财务与人力资源管理等内部支撑类应用方面，企业互联网活动的开展比例均保持上升态势。企业在线销售、在线采购的开展比例实现超过 10 个百分点的增长，分别达 45.3% 和 45.6%。在传统媒体与新媒体加快融合发展的趋势下，互联网在企业营销体系中扮演的角色愈发重要，互联网营销推广比例达 38.7%。此外，六成企业建有信息化系统，在供应链升级改造过程中，企业日益重视并充分发挥互联网的作用。

1.2.1 中国企业互联网全面普及

2016 年中国企业的计算机使用、互联网使用已基本实现全面普及，比例分别达 99.0% 和 95.6%，相比 2015 年分别上升 3.8、6.6 个百分点。中国企业互联网办公的使用比例首次突破 90%，且与计算机使用比例间的差距缩小至有统计数据以来的历史最低。从 2011 年 CNNIC 首次开展针对中国企业的互联网应用调查至今，见证了计算机使用比例从不足九成到接近 100%，互联网使用比例从 80% 上升到超过 95%，与历次 OECD（Organization for Economic Co-operation and Development，即经济合作与发展组织）国家互联网普及率统计数据相比，中国企业的进步是快速的。

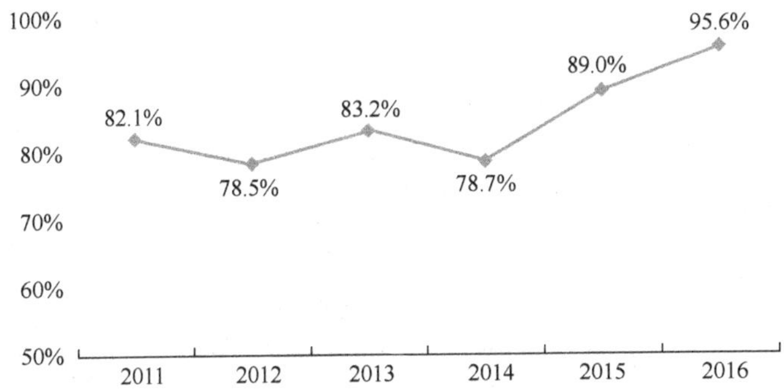

2011-2016年企业互联网使用比例

1.2.2 企业电子商务活动

“十二五”期间，中国电子商务市场快速发展，交易额翻两番。2016 年作为“十三五”的开局之年，电子商务市场规模依然保持稳健增长，企业的参与程度持续深入，开展在线销售的企业比例大幅提高。数据显示，2016 年，全国开展在线销售的企业比例已到达 45.3%。

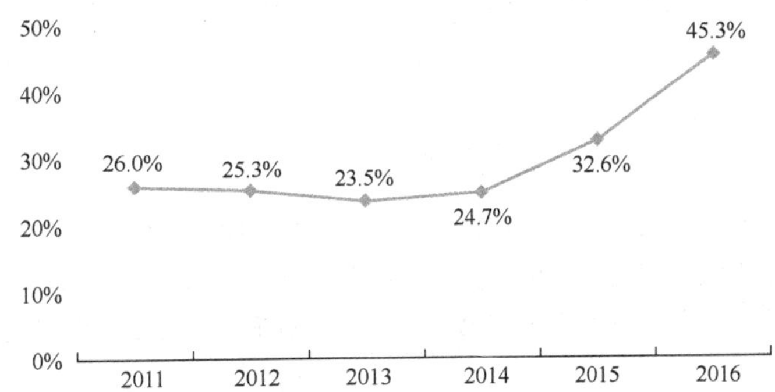

2011-2016年企业在线销售开展比例

全国开展在线采购的企业比例为 45.6%。这得益于互联网金融、云服务等新兴企业级服务市场的发展，服务于企业采购的电子商务平台正在向集信息流、资金流、物流于一体的综合性供应链协同服务平台转型，企业的在线采购流程更加便捷、安全。

利用互联网开展营销推广活动的企业比例为 38.7%。互联网已经成为企业不可或缺的营销推广渠道，并在传统媒体与新媒体加快融合发展的趋势下，扮演着关键角色。

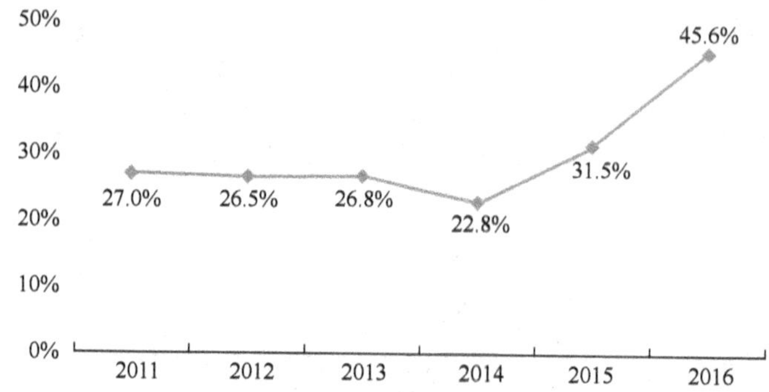

2011-2016年企业在线采购开展比例

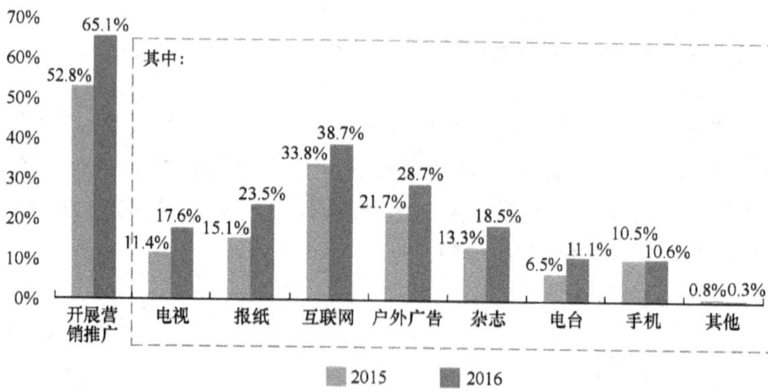

企业营销推广渠道使用情况

企业通过互联网开展营销推广的比例相比去年上升近5个百分点，延续了自2013年以来的增长趋势。随着企业品牌推广意识提升、电子商务日益普及，以及中国互联网广告市场逐步规范，互联网营销市场仍有很大的增长空间。

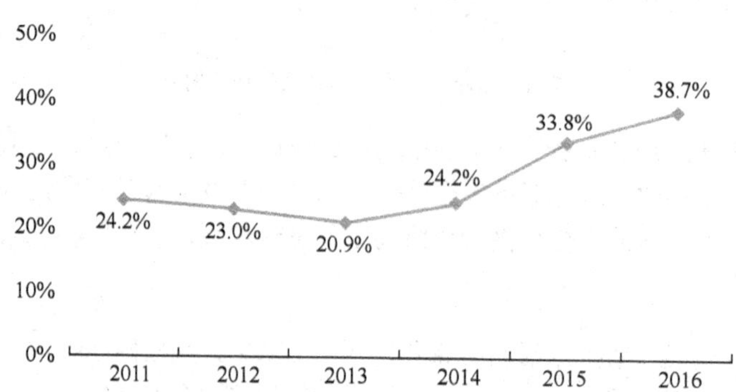

2011-2016年企业互联网营销开展比例

在各种主流互联网营销渠道中，即时聊天工具、电子商务平台、搜索引擎，长期占据企业互联网营销推广渠道的前三位置。即时聊天工具营销推广的使用率最高，占 65.5%，电子商务平台推广、搜索引擎营销推广分列第二、三位，使用率分别为 55.1% 和 48.2%。

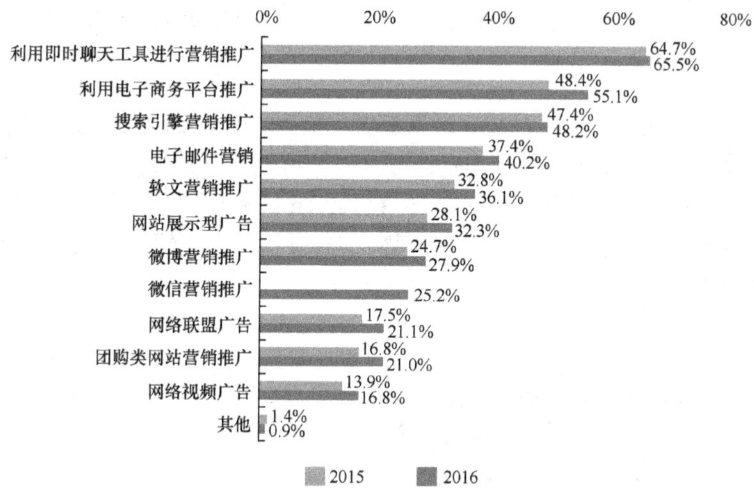

企业各互联网营销渠道使用比例

在开展过互联网营销的企业中，通过移动互联网进行营销推广的比例为 83.3%，相比 2015 年的 46.0% 增长近一倍，其中 67.8% 的企业使用了付费推广。随着消费者向移动互联网全面转移，移动流量保持高速增长，在经过一段时间的探索后，专注于移动互联网营销推广的产品逐渐成熟，并得到企业客户的认可和接受。可预见的是，在未来较短的时间内，移动互联网营销推广的使用比例将逐渐接近整体互联网营销推广比例，市场规模也将保持快速增长。

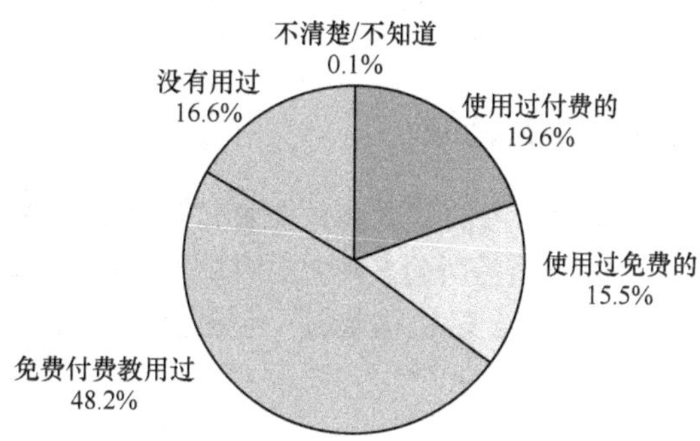

企业移动互联网营销开展情况

1.2.3 “互联网+”产业融合加速

截至2016年12月，企业对云计算、物联网与大数据三类新技术的认知比例分别为57.9%、53.4%和52.1%，60.0%的上网企业部署了信息化系统，相比2015年提高13.4个百分点，其中分别有50.4%、28.2%和25.9%的企业建有办公自动化（OA）系统、企业资源计划（ERP）系统和客户关系管理（CRM）系统。

企业对互联网在市场经济环境、经营制度、财务、生产制造方面发挥作用的预期显著变强。与2015年相比，企业对互联网所能发挥的作用有较强预期的比例均出现提高，但对不同问题的排序有所变动：采购、销售、人才方面排序下降，经营制度、财务、生产制造的排序上升，反映出互联网解决企业核心问题的能力正在提高。

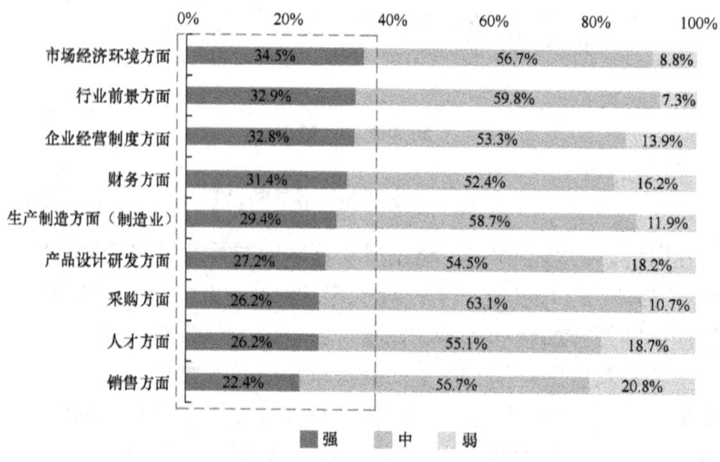

企业预期互联网解决问题的能力

1.2.4 供应链金融价值延伸

想必很多朋友一定听过行业内的互联网从业者讲的诸如供应链融资、供应链金融、产业链金融、票据融资等听起来高大上的专业术语，这些概念虽然有所不同，但实质都差不多，就是金融机构依托上下游企业间的贸易行为提供金融服务。

一般来说，供应链金融的产品分为应收类（基于应收账款的融资）、预付类（预付款融资）和存货类（现货质押融资）三大类产品。

供应链金融的实质是如何更好的帮助企业盘活流动资产。流动资产包括货币资金、应收账款和存货等，应收类产品帮助企业将应收账款转换成现金或应付票据；预付类产品则帮助下游企业扩大了单次采购额，提高了采购能力，将本应即期支出的现金资产转换为短期借款或应付票据；现货质押更为直接，以企业的存货作为担保方式，换取流动性更强的现金资产。

银行提供供应链金融产品主要是基于企业间的贸易行为，但银行不可能去介入到企业之间的贸易行为，不管是给上游供应商提供融资还是给下游采购商提供融资，一个重要的前提是需要有一个银行认可的第三方来提供贸易行为真实性验证。

因此，现阶段的供应链金融，基本是银行与行业内具有上下游资源整合能力的企业合作开展的。所以现阶段给中小企业提供供应链金融服务的大体有以下几类公司：

- 行业交易型B2B平台，基于平台上买卖双方的交易行为，给供应商和采购商提供不同的金融产品。
- 供应链管理公司，主要基于在仓储、物流、系统等方面的优势，以货物监管等形式提供金融服务。
- 行业类大型企业，通常在行业内具有足够大的体量，自身业务所涉及的上下游企业众多，他们会成立专门供应链金融公司，其主要目的是利用财务杠杆盘活自身大量的流动资产，为企业提供新的动力。

1.2.5 颠覆与被颠覆

有人说，看一个产业有没有潜力，看一个企业有没有发展，就看它离互联网有多远。能够真正用互联网思维重构的企业，才可能真正赢得未来。马云也曾经表达过类似说法，即企业再不系统地学习互联网思维、学习如何让互联网思维落地，未来将是死路一条。

大家可以分析一下自己所在的行业，长期以来业内的实力企业要么是有传统国企背景、要么是被财大气粗的行业牛人控制。可最近几年有了一些变化，一些新兴企业开始出类拔萃，一些曾经濒临破产的企业以新的姿态再次独领风骚。这便是互联网的魅力，一旦运用得当，“草根”创业者也有机会撼动行业。我们能看到很多企业使用互联网的模式，在短短的一两年内，就疯狂地取代了传统行业经营者用了十几年的辛苦耕耘才打下的行业地位。曾经那些行业巨头们面临着前所未有的压力，市场占有率逐渐萎缩、利润逐步下滑。如今，可以肯定的是，留给那些还在用传统思维经营企业的老板们的时间已经不多了。他们必须做出选择：自我突破或者等待被颠覆。

1.2.6 企业触网类型

传统企业涉足网络营销，通常有如下四种类型。

忽悠入门型：这类企业是被相关网络服务商的业务人员电话狂轰滥炸、上门紧密跟进，碍于情面甚至万般无奈开始了网络营销尝试，通常在开始阶段对网络营销没有系统认识，因此他们往往会认为网络营销就是建立一个公司网站，或者上了阿里巴巴等平台，或者就是在百度做了推广，这就类似盲人摸象。

盲目崇拜型：这类企业大多受网络培训公司的激励，或者是受“双 11”等活动的刺激，觉得网络营销好，然后匆忙开始网络营销。

趋势引导型：这类企业由于人员成本高、行情疲软等因素，造成企业利润收缩，原有客户群逐渐流失，企业发展遇到困境，这时候想到利用互联网去扭转困局。这类企业通常经过一定的思考后才开展网络营销，比较务实、勤奋，也愿意学习。

时代引领型：这类企业是目前值得学习的榜样，他们敢于创新，走在时代前沿，他们不仅仅是开展网络营销，甚至利用互联网来促进企业整体的转型，这类企业虽然目前比较少，但已经有很多比较知名的企业，如海尔集团、红领集团（酷特），以及各行业逐渐出现的转型为互联网平台的大型工贸企业。

1.3 B2C业务与B2B业务的差异

B2B 是 Business-to-Business 的缩写，指的是一个机构将产品或服务销售给另一个机构，供其自行使用或销售给其他企业使用。

B2C 是 Business-to-Customer 的缩写，指的是直接面向消费者销售产品和服务，也就是通常说的商业零售。

B2C 业务和 B2B 业务在营销理论体系上有着共同起源，但是由于各自的购买者和市场存在差异，因此有必要进行深入研究，分析各自业务异同，以达到针对不同业务使用不同互联网营销策略。

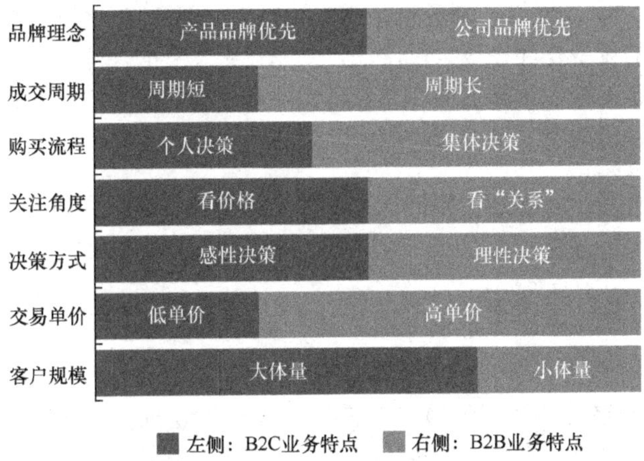

针对不同业务需采取不同营销策略

1.3.1 客户规模不同

B2C 业务由于直接面向最终消费者，往往购买者很多，即便是一些定位小众的产品，如果将消费者按照性别、年龄段、购买能力等分类集中，理论上说也是动辄千万级的受众。因此，对任何 B2C 企业来说，与自身产品相关的整个市场体量难以精准统计和预测。

与 B2C 业务相比，B2B 业务主要针对企业、组织、政府等机构型客户，客户面相对较窄。一旦产品参数、用途确定，其对应的市场体量基本就固定了，不以人的主观意志为转移。因此 B2B 业务比较容易对目标客户群进行精准定位，宏观上有利于把控市场规模、市场分布、行业趋势，微观上有利于专注产品价值、进行个性化营销。

1.3.2 交易单价不同

B2B 业务合同一般是以公司形式签订，每一个公司都有对外合同的审批流程、付款流程，不是一个人说了算，大多是这个企业的内部制度流程决定。以最简单的一次性付款合同为例，单从付款这一动作来说，就涉及到采购申请、领导审批、财务付款三个环节。如果涉及到定金生产、批交批结合同，整个交易周期可能包括工厂制样、样品确认、大货出产、验货出厂、质保期限等，整个过程复杂而漫长。

与交易过程对应的特点就是 B2B 交易金额大。比如说 B2C 业务，购买 300 元的衬衫谈不上什么风险，最多就是300元损失。但B2B业务购买几十万，甚至上百万元的设备是存在很大风险的，一是设备本身的性能和品质是否达到合同标准，二是运输、装卸货等环节也可能损坏设备，更为严重的是可能碰到不诚信公司，钱货两空。

所以，B2B业务上，制定严格的流程制度是必须的，这样有利于控制风险。

1.3.3 决策方式不同

B2C场景下，消费者个人购买产品或服务，不一定会有很明确的购买计划。有可能是根据自己的消费经验、看见的广告、身边的亲朋意见、同事的一句话，突然心血来潮，高兴了就买，不高兴就不买，充满感性因素。组织购买产品与服务主要用于企业生产、消耗、或者贸易，通常是按照计划进行的。B2B采购会有比较明确的决策依据，通常会基于增强盈利能力，降低成本，提高生产率、降低风险等角度做出购买决定，是很理性的决策过程。

基于这一特点，我们在进行B2B业务营销时，要着眼于促进客户做出理性购买决策这一目标，通过独特的产品卖点、优质的客户评价、针对性的营销活动来突出产品的价值。相反，在进行B2C业务时，要着眼于从感官冲击、情感共鸣上促进客户消费。

1.3.4 关注角度不同

B2B业务往往客户数量有限，大部分客户我们都希望能够长期合作下去，因为B2B企业更换供应商风险较高，客户也不会轻易换供应商。由于双方都是行业专家，更多侧重于互惠互利，长期合作，一般情况下，B2B业务买卖双方的业务关系密切，是比较稳定的合作伙伴。

B2B营销的产品有标准化的，也有根据客户的需求定制的，通常来说，产品的价格由买卖双方通过协商与谈判来确定，一般遵循“原料成本＋人工成本＋生产损耗＋工艺成本＋适当利润”的原则。

由于“关系”在B2B业务中的关键因素，因此在新客户开发上，B2B销售重点在于关键客户管理和影响购买决策的相关人员。要针对客户设计销售开发周期，所有营销活动要有利于与客户建立关系和促进交流沟通。为强调“关系”的重要性，我们举例说明：B2C业务大多数客户对价格有较高的敏感度，如果能够有很好的策划促销政策，配合新颖的活动推广，比如限时秒杀、助力砍价等形式确实能短期内促进销售；但 B2B 业务客户对这些促销政策极不敏感，对于客户来讲，对关系有着更高的敏感度，这里的“关系”主要就是体现为信任程度，没有关系，没有信任，价格免谈。

1.3.5 购买流程不同

B2C 业务使用、决策、买单是一个人，在销售过程中涉及这项业务的一般是一个人，与他打好关系基本上就确定了这单生意，B2B 采购行为是一个过程，购买量较大，不是一个人决定，再小的 B2B，即便是夫妻两人的店，决策进什么东西、卖什么东西，夫妻俩还需要商量。购买决策受众多人员影响，有时候甚至是企业多个部门多个组织，比如企业要采购 ERP 系统，可能采购部门、技术部门、财务部门、制造部门、销售部门，都可能有一定的话语权。从这个角度来说，B2B 营销面对的既是组织，又是个人。虽然企业的核心仍然是个人，但是由于企业是有基于自己运营规则、利益的体系，因此个人在企业里的决策往往会考虑得更多。

1.3.6 成交周期不同

B2C 业务大多是最终消费品，能做到一手交钱一手交货，非常灵活。而 B2B 业务营销的滞后性非常明显，不管是推广还是销售，当期的努力不会立即见效，要滞后一段时间。一个推广活动，如参加展会，可能要在展会结束后的几个月才能慢慢产生效果，营销人员拜访客户，从初次拜访到最后成交，可能要经过几个月甚至几年的时间。

这是 B2B 业务的性质决定的，B2B 的采购计划一般都是有序开展的，如果是设备升级更新等一次性采购行为，一般是很早就完成采购计划了，不可能短时间内就有新的需求。如果是生产性采购行为，一般也都已经形成了稳定的供应链渠道，除非万不得已不会中途更换。

B2B 业务开发在第一次销售行为发生，也就是第一次与客户接触时就已经开始了。有鉴于此，新开发 B2B 客户，一定要持续跟进，换句话说，客户跟进和维护是至关重要的，尽管可能不会立即产生立竿见影的效果，但有计划的跟进和维护会使你所有推广、拜访的努力付诸东流，这一点在后文还会提及。

1.3.7 品牌理念不同

在 B2C 业务中，当人们谈起消费品时，常会关注的是什么牌子，而当谈到机器设备时，常常会问的是哪家公司的产品。在B2B业务中，采购商关注供应商实力远远超过对产品品牌的关注。在工业品采购时，人们很自然的会看看这个行业都有哪些企业生产该产品，龙头企业是谁，信得过企业有哪些，货比三家，慎重购买，因为公司的实力和信誉是企业购买安全性的根本保障。所以B2B采购商对公司品牌比产品品牌更感兴趣，因此公司如果想真正全面启动市场，必须在用户心目中建立企业地位。

在B2B市场，产品品牌只会帮助你成为客户可以考虑的一个因素，但是不一定会保证客户选择你。B2B买家在为他们的公司选择产品或服务的时候，使用更多的是理性思维。他们是基于增强盈利能力、降低成本、提高生产率、降低风险的方面的考虑。这并不是说，塑造产品品牌对于B2B业务不重要，品牌的知名度和美誉度对任何业务来说都是有需要的，可以给客户留下良好的第一印象。

1.4 解读互联网营销

1.4.1 什么是互联网营销

互联网营销是在互联网得到广泛认可和商业运用的大环境下，经营者把销售产品有关的商业信息发布到各种网络渠道上，通过吸引潜在顾客对产品和相关信息进行积极了解，从而产生咨询或者购买的动机，最终促成合作的过程。

这段话深层次理解如下：

- **互联网商业环境逐渐成熟**：互联网是互联网营销的场所，随着互联网的的广泛应用和发展，企业界对互联网的认可程度逐渐提高。
- **互联网营销的主体是经营者**：经营者可能是企业、有可能是个人，互联网营销是为经营服务的。经营者是互联网营销的发起者。
- **互联网营销传递商业信息**：互联网营销必然伴随着商业信息的传递，商业信息包括产品信息、交易信息等，因此单纯的发布企业logo、新闻稿等行为，不包含商业信息不属于互联网营销。
- **信息传递的主要方式是发布**：互联网营销要传递信息，发布这个动作必不可缺，有的企业虽然付费建立了网站、付费成为电商平台会员，但从没有发布出信息，等于没有开展互联网营销。
- **信息传递的渠道很广泛**：互联网营销的信息发布有多种渠道，多个平台，我们倡导互联网营销要“广泛撒网、重点培养、一个核心”。

- **吸引顾客是互联网营销重要环节**：通过各种方法吸引顾客，是互联网营销的重要环节，在网络上没有曝光、没有关注、没有流量点击，一切都是空谈。
- **互联网营销追求精准营销**：互联网营销追求点击，但侧重点是吸引潜在的买家，精准营销是互联网营销不懈的追求。
- **互联网营销本质是营销**：互联网营销，网络是工具，营销是本质。因此网络发布的信息应该带有营销属性，要传递产品或服务的正向价值！
- **互联网营销重在转化**：咨询和购买是互联网营销的重要转化步骤，咨询是客户购买动机及购买需求的重要体现，购买是对产品价值和服务认可的结果。
- **互联网营销成交为王**：互联网营销的最终目的是促成合作，所有的互联网营销操作都应该有利于实现这个目的。

1.4.2 网络推广关键术语

因为本书以实战实用为主基调，所以我们在后面的文字里尽量少用一些专业的术语和英文词（比如 B2B、SEO 等），而是用大家耳熟能详的常用词代替。仅在此章节中将我们要用的基本专业词和概念解释一下。

- **关键词**：当我们在网络上查找信息时输入搜索框中的文字，这里的搜索既包括在百度等搜索引擎上的搜索，也包括我们在任何一个网站内部的站内搜索，甚至包括我们查找自己电脑上信息时的搜索。

  关键词在网络营销中是一个非常有用的概念，熟练掌握关键词的应用能让网络营销工作效果大大提升，比如通过关键词的优化设置能给我们带来更多访客，通过关键词的精准定位我们能快速找到客户资料，通过关键词的有效设置我们能通过少量投资积累大量客户。

- **电商平台**：是行业互联网公司建立的大型综合或者行业性商务网站，为采购商和供应商提供了发布信息和交流的平台，类似城市中的工业品批发市场，满足企业与企业间的供求。最有代表的就是阿里巴巴网站。
- **B2C 或 C2C 网站**：是网络公司或者个人建立的零售网站，将一个或者多个商家聚集在一起，向个人提供商品或者服务，类似于现实生活中的超市、百货商城、专卖店等。其中在我国影响最大的当属淘宝网了。

- **网页链接与反向链接**：只要我们一上网就会用到网页链接，打开一个网站页面，当鼠标滑过我们感兴趣的内容时，轻轻一按就会跳到另一个页面上，这就是链接。第二个页面就被第一个页面反向链接了。理论上讲，如果一个网站被许多网站反向链接了，那这个网站一定会很重要很受欢迎的。

1.4.3 网址、域名、网站

我见过不少企业老板说是有自己的企业网站，其实只是大型网站的付费会员，只有一个一级域名或者二级域名，当企业大量的宣传都投入在这个域名上时，实际上也是在为大型网站做宣传，而合作一旦出了问题，就会很麻烦，因为你的名片上，宣传册上指明这是你的官网，现在不能用了，负面影响是很深远的。所以，域名、网址、网站这几个概念必须明确。所谓网址，就是某个信息在网上的地址，有了这个地址，别人就可以找到它；所谓域名，就是一个网站的名字，一级域名是一种最高级别的域名，它由三部分组成 www.aaaa.bbb，其中 aaaa 可以是任意长度的一串英文字母和数字，bbb 是域名的尾缀，多为 com、cn 或是 net 等。一般企业的网站或者大型门户网站都是这样的域名。除了一级域名外，还会有二级、三级等域名，一般都是一些大型网站分配给自己会员的子域名，比如阿里巴巴的中文网站是一级域名 1688.com，网站下的一个付费企业（青岛信诺纺织有限公司）商铺是个二级域名 isinotex.1688.com，其对应的绑定了一个一级域名是 isinotex.com.cn。企业虽然有了一个独立域名（或称一级域名），也不能说拥有了一个独立的企业网站，只有同时拥有独立的存放网站信息的主机空间，并将域名指向该空间，安装上网站程序。才算是拥有了独立的网站。也就是说独立网站的三个要素缺一不可，网址相当于一座房屋的地址，地址是独一无二的，用于让人能够找到。主机空间相当于一座房屋的地皮，有了地皮才能建房子，同样有了主机空间才能放网站程序。网站程序就相当于一座房屋的样子，其构架、内容、装饰具体怎么样完全由建造的人自主决定。

1.4.4 离不开的搜索引擎

搜索引擎：最早只是在大学用来查找学术论文的网络工具，后来普及到社会上，用来查找各种信息，其中包括企业信息、商务信息。全球最大的独立搜索引擎是谷歌（google），中国最有影响的独立搜索引擎是百度（baidu），其他还有 360 搜索（so）、搜搜（soso）、必应搜索（bing）、搜狗 (sogou) 等。非独立的搜索引擎是建立在一些大型门户网站上的内部搜索引擎，如阿里巴巴、慧聪网、锦桥纺织网等网站的站内搜索。这些也都是我们做网络营销的主要用武之地。为了在后文中陈述方便，独立搜索引擎我们以百度为例，非独立搜索引擎我们以阿里巴巴为例。

SEO：英文 Search Engine Optimization 或者是 Search Engine Optimizers 的缩写，前者是动词，被翻译成搜索引擎优化，即我们常说的做自然排名；后者是名词，指从事搜索引擎优化的技术人员。

SEM：英文 Search Engine Marketing 的缩写，中文意为：搜索引擎营销，也是狭义上的中小企业网络营销，它不但包括上面提到的 SEO，还包括搜索引擎竞价排名等。

META 标签：META 标签是 HTML 标记 HEAD 区的一个关键标签，它位于 HTML 文档的 <head> 和 <title> 之间（有些也不是在 <head> 和 <title> 之间）。它提供的信息虽然用户不可见，但却是文档最基本的元信息。<meta> 除了提供文档字符集、使用语言、作者等基本信息外，还涉及对关键词和网页等级的设定。

所以有关搜索引擎注册、搜索引擎优化排名等网络营销方法内容中，通常都要谈论 META 标签的作用，可以说，META 标签的内容设计对于搜索引擎营销来说是至关重要的一个因素，合理利用 Meta 标签的 Description 和 Keywords 属性，加入网站的关键字或者网页的关键字，可使网站更加贴近用户体验。

搜索结果：假如你想找一家做进口玩具的公司，你在百度搜索栏里输入“进口玩具”四个字，就会出现以下结果：

其中左侧最上方有几家公司的网址和信息，标注有广告字样，右侧也可能有几家公司的网址和广告，这些都是给百度付广告费的，叫做竞价排名。除了这些，其它左侧网址都不需要付费给百度，哪家企业的网站推广效果好，哪家的排名就会靠前，这个区域叫做自然排名。其它搜索引擎也具有这样的布局，大同小异。搜索结果是企业网络营销人员每天要分析研究的对象。

1.4.5 流量及流量来源

流量：通常说网站流量（traffic）是指在单位时间内访问某网站或某网页的用户数量。因此评价流量的大小一个是要看时间段，是一天、一周、还是一月等。而是要看统计范围是整个网站，还是分站，还是其中某几个或一个页面。

流量实际上就类似与传统销售上的进店访客数，因此和线下一样，提升销售的途径就是增加进店访客数和提高购买率。在网络营销方面，就是增加流量和提升转化率。流量是网络营销领域中非常重要的一个概念，后文将会有多处还会提及。

流量常用的统计指标包括网站的独立用户数量（按 IP）、总用户数量（含重复访问）、页面浏览数量、每个用户的页面浏览数量、用户在网站的平均停留时间等。

流量来源：我们在网络上发布的每一条信息，只有最终被潜在客户看到才有意义。那么客户会怎么找到我们呢？这就涉及流量的来源问题，独立网站的流量可以用百度统计、51·La等工具进行统计分析。但在第三方网站上发布的信息，我们并没有权限放置统计工具代码。通常情况下，我们信息被客户找到的情况有以下几种。

1. 客户通过搜索引擎找到我们

当人们想在网上查找任何信息时，首选的渠道是通过搜索引擎来实现。国内用户最常用的搜索引擎是百度（www.baidu.com），其他的还有360搜索（www.so.com）、搜狗搜索（www.sogou.com）、腾讯搜搜（www.soso.com）等。

2. 客户通过我们发布网站的站内搜索找到我们

一些大型门户网站、电商平台自身很有特色，积累了量的用户群。比如用户会直接打开新浪看新闻，打开58同城找搬家公司、打开阿里巴巴找公司信息、打开锦桥纺织网找坯布厂。因此我们在这些平台上发布的信息的主要流量就主要是来自于平台的站内搜索。

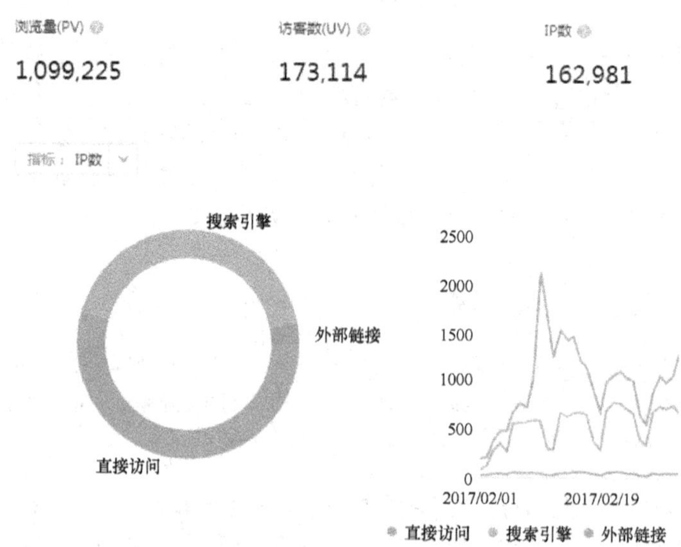

某公司网站流量来源统计

3. 通过推广链接带来的流量

除了以上两点，流量还可能来自其他网页获取到。比如我们可能将发布的信息在其他网站上做宣传，可能进行 QQ、阿里旺旺等工具上宣传，也可能花钱在某些平台上投放广告带来流量。

第 2 章

网络营销规划与执行

2.1 网络营销规划

当我把“网络营销规划”作为本书一个重点话题的时候，不知道会不会有朋友觉得这个章节多余——引文这样的问题每个商务人士都知道，根本不值得一提，更不值得大写特写。然而很现实的问题是，正如所有人都知道坚持锻炼身体很重要，但只有少部分人会坚持做一样，90% 以上已经涉入网络营销的中小企业老板、传统销售人员没有认真地做过网络营销规划。一是规划本身很虚，是那种看起来属于“大道理我都懂”的问题，不值得深思。二是做一份科学完整的网络营销规划实际上比较复杂，大多数人追求网络营销技巧为上，不屑于花心思去研究。然而网络营销归根结底属于营销范畴，要真正把这项工作做好，我们有必要进一步明确网络营销规划的重要性。

2.1.1 网络营销顶层战略

在真正开始进行网络营销之前，企业应该明确网络营销在企业经营活动中属于什么位置，企业是以传统销售为主网络营销为辅，还是完全借助网络营销？网络营销是一项长期策略还是为了清理库存的临时措施？网络营销这个工作是老板亲自牵头负责还是销售部门或者业务人员自己安排？定位是极为重要的，因为不同的定位将直接关系到我们为网络营销投入的人力、物力、财力。举个例子，如果网络营销是企业生存的唯一途径，那么我们就会有想尽一切办法必须全力做好的内在动力，网络营销效果一般会不错。如果网络营销对我们而言可有可无，我们就会以打酱油的心态来对待，就会缺乏只准成功不准失败的内在动力，网络营销效果自然就大打折扣。现阶段，传统营销渠道吃紧，网络营销环境已经比较成熟，笔者建议：如果是企业行为，应该把网络营销当成企业战略级决策，以寻求企业更大的突破。如果网络营销是传统业务员个人行为，应该根据自有客户资源优势，在维护好传统渠道客户的情况下，循序渐进涉入网络营销。

这里举一个实际的例子：曾经我问过一个企业的一把手，我说网络营销是你们公司作为一项战略必须推进的吗？他说，对啊，我们今年投入那么多的钱，养了那么大的网络营销团队，而且我们的网络营销总监很有经验，自然是必须推进的。后来再过了半年，我再去拜访他们公司时，网络营销这个项目已经砍掉了。我又问了那个一把手，到底是什么原因，他告诉我，我们的网络营销总监被另一个公司挖走了，这个项目也就停了，然后是一堆对那位网络营销总监的负面评价！这里我们不去评价，但有一点可以肯定的是，这个公司并没有把网络营销作为公司战略，只是做了一次尝试。如果是有明确的目标，网络营销总监的离职，可能会使这个项目短期内会受到创伤，但不至于将整个团队砍掉，因为至少其他人员还在，重新招聘一位总监即可。

所以，我特别认为，公司战略是绝对不会因为个别人员的变动就会受到影响的，否则那肯定不叫战略。

2.1.2 网络营销目标设定

网络营销目标与传统营销目标相同，即确定开展营销的预期目的，制定相应的步骤，并组织有关部门和人员参与。制定网络营销目标时，必须考虑到与企业的经营战略目标是否相一致，与企业的经营方针是否吻合，与现有的营销策略是否冲突。这就要求在制订目标时必须有企业战略决策层、策略管理层和业务操作层的相关人员参与讨论。

一般来说，网络营销应考虑以下几种类型的目标。

1. 销售型网络营销目标

销售型网络营销目标是指为企业拓宽网络销售渠道，借助网络的交互性、直接性、实时性和全球性为顾客提供方便快捷的网上售点。目前许多传统的机构都在网上设立销售点，如人民邮电出版社在天猫、京东等电商平台上开设的旗舰店。

2. 服务型网络营销目标

服务型网络营销目标主要为顾客提供网上联机服务。顾客通过网上服务人员可以进行远距离售前咨询和售后服务。目前银行、电信业等很多企业都通过微信服务号或小程序进行客户自助服务。

3. 品牌型网络营销目标

品牌型网络营销目标主要在网上建立企业的品牌形象，加强与消费者的直接联系和沟通，增加消费者的品牌忠诚度，配合企业现行营销目标的实现，并为企业的后续发展打下基础。目前大部分企业站点属于此类型。

4. 提升型网络营销目标

提升型网络营销目标主要通过网络营销替代传统营销手段，全面降低营销费用，提高营销效率，促进营销管理和提高企业竞争力。如 Cotte · 酷特智能、海尔订制网站属于此类型。

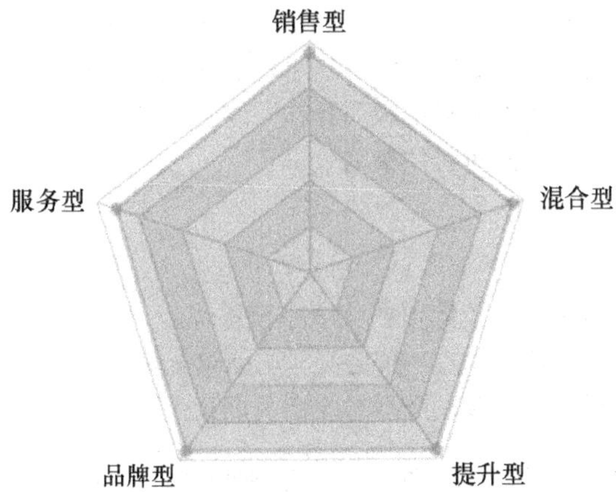

网络营销目标类型

5. 混合型网络营销目标

混合型网络营销目标力图同时达到上面目标中的若干种。如锦桥易纱网通过设立纱线商城作为其主要销售业务站点，同时将锦桥易纱网打造成行业知名的网站品牌，并利用线上线下结合的营销方式提升企业竞争力。它既是销售型，又是品牌型，同时还属于提升型。

2.1.3 制定网络营销方案

由于网络营销是一个需要长期执行的系统问题，在确定网络营销基本理论和网络营销目标后，我们需要制订一个详细的计划方案，来指导网络营销工作。一般来说，网络营销计划方案包括以下几个内容。

1. 企业基本信息

包括公司名称、行业、主打产品等简单信息。

2. 项目背景简析

网络营销背景分析一般是通过介绍网络营销环境、分析企业自身市场销售情况、结合行业成功案例，最终阐述网络营销将会给企业带来什么变化。其目的是让相关人员清楚地理解为什么要启动网络营销，以期得到各个方面的全力支持。

3. 竞争对手分析

也许在传统销售渠道，业务竞争很激烈，但真正直面的对手没有几家，但是在网络上，因为采购入口就那么几个，所有生产相同产品和替代产品的企业都是你的竞争对手。竞争可能远在天边，也可能近在眼前。要想在网络营销上脱颖而出，你需要认真分析竞争对手和同行在网络上的各种表现，找出他们的优势和不足，然后制定出自己对应的策略。

4. 产品策略分析

产品策略是企业为了在激烈的市场竞争中获得优势，在生产、销售产品时所运用的一系列措施和手段，包括产品定位、产品组合策略、产品差异化策略、新产品开发策略、品牌策略以及产品的生命周期运用策略。

简单地说，我们要去了解我们产品在市场上的行情，了解行业内这种产品普遍的一些详细参数，与自己的产品做一个对比。在对比中，找出自己产品的优势。最后突出自己产品的优点，重点体现出来。

5. 营销渠道分析

根据网上销售产品的不同，网上销售渠道会有很大的区别，企业通常采取建立企业网站、投放网络广告、新媒体平台以及网络促销活动的形式来进行网络营销。

现阶段，大部分企业线上渠道与线下渠道是相互独立的，但随着社会经济的发展，未来肯定是线上线下渠道的融合，一个传统企业单靠线上或单靠线下都是不行的，线上渠道要拓展到线下，线下要拓展到线上。现在几乎所有传统线下企业都想发展到线上渠道，这是市场发展的大趋势。只要企业在品牌营销上统一性，在渠道服务上一致性，线上选择交易，线下体验提货是完全能够实现的。

6. 预算与收益分析

网络营销必然会涉及人力、财力、物力的投入，比如人员工资、购置软硬件设备、营销推广费用、杂项费用等。要罗列项目的主要收支计划，也就是投入与收益分析。在计划执行期，也要密切关注每一项投入的产出，以判断是否有价值。很多团队，由于没有做计划预算，到最后发现投入超出企业的承受范围，不得不将计划搁置，导致项目失败。

2.2 网络营销定位

网络的最大优势就是突破了时空的限制，我们随时都可以上网，客户也可以随时上网，因此我们每时每刻都有可能把产品卖到世界各地。然而也正因为网络浩瀚如海洋，使得在网络上找客户犹如大海捞针。如果进行一个系统的网络营销定位，将使网络营销达到事半功倍的效果。如图所示，网络营销定位可划分为目标客户定位、品牌定位、营销策略定位、营销媒介定位、核心产品定位、产品卖点定位、核心关键词定位等七个方面。

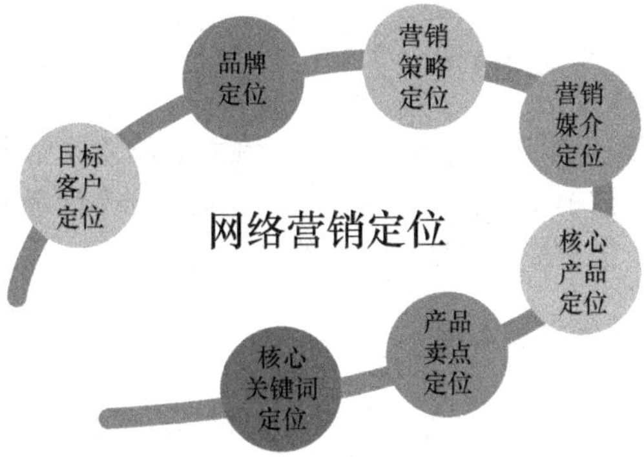

网络营销定位划分

2.2.1 目标客户定位

我们销售的每一款产品都有其特定的需求群体。我们需要把客户群按一定的类别属性分类，然后要明白，我的客户群主要分布在哪些行业以及哪些地方？我的客户群有哪些共同特点？他们会在网上哪些平台出现？我们怎样才能在网络上接触到他们？明白了这些问题，基本上我们的客户群就清晰了，在接下来的操作中就更有针对性了。如果这些问题没有搞清楚、想明白，那客户分析就还不到位。

2.2.2 品牌定位

品牌本意是消费者对产品的印象和感觉。在传统渠道，一般只有大公司才会注重品牌这一概念，因为塑造品牌是一个长期而且需要大量投入的过程。然而在网络上就不一样了，时下网络上有一句话“再小的个体，也有自己的品牌”，我们应该从“每个企业都是一个品牌”“每一个产品都是一个品牌”“每一个老板都是一个品牌”“每一个业务员都是一个品牌”等方面入手，向外积极展示企业特有的品牌定位。品牌一旦塑造出好的印象和感觉，将会是非常有价值的东西，比如客户在价格、交货期、物流等条件差不多情况下在两家公司之间做出选择。在客户心目中你们公司是老企业、或者你们老板圈内朋友多、或者你们产品特征突出、或者你人比较实在；而另一个企业客户没有深刻印象，这个时候“品牌”就会产生作用。

2.2.3 营销策略定位

网络营销策略定位指的是我们根据企业产品、竞争分析、人力资源、资金预算、营销目的等综合考虑，确定主要利用的网络营销形式。主要有以下几种：

1. 以发布供应信息为主要策略

在 B2B 领域，有数千家电商平台，这些平台大多数开放免费注册，发布供应门槛低，成为大多数中小企业的首选渠道。他们在一个或者多个平台上大量发布企业供应信息，以便能被这些平台上的采购商找到。

2. 以自建企业网站为主要策略

目前建立企业网站成本大幅降低，普通展示型模板网站每年成本只需几百元，因此已经有独立企业网站的公司很多，部分企业已经非常了解独立网站相对于商铺的优越性，也掌握了一些让客户找到自己的好方法。因此他们通过网站改版或重建，把网站变成一个更有价值、更易于搜索到的营销型网站。

3. 以发布软文为主要策略

软文是带有宣传性广告的文章，我们经常看到一些很精彩的文章，或分析行业形势，或介绍生产工序，或号召行业团结等，这些文章有时候会很隐形的带着某些广告内容，但又不会引起读者反感。以发布软文为主的营销管理人员一般都在某领域有相当的研究，他们以塑造专家权威的方式在销售着产品，想一想，您所在行业有哪些人这样做着，是不是能借鉴点思路来自己用。

4. 以在线沟通主要策略

在线沟通现阶段主要以旺旺、QQ、微信为主要载体，特别是以 QQ 群、微信群最为常见。每个行业都有一些群，QQ 群人数最多的能到 2000 人，微信群最多能到 500 人。有些以网络营销为主要渠道的新人，会加入多个行业群，然后一对一或者群发不断的推荐自己的产品。由于带有便利的沟通功能，经常沟通能拉进供求双方距离，据我了解，在部分行业，通过 QQ 群、微信群接单效果还不错。

5. 以广告投放为主要策略

前面 4 种渠道能够带来流量（定义在第几张），但是网络上信息更新量大，要保持优势但要有人不断的去操作。部分财务允许的企业就在流量入口页直接投放广告，这样既能保证信息始终能被看到，长期展示对品牌也有提升作用。常见的广告投放类型有：关键词广告、排名置顶广告、网盟广告、固定图片广告。

2.2.4 营销媒介定位

网络营销媒介是企业开展网络营销的桥梁，可以归类为以下几种：

- **自建企业网站**：企业网站的特点，可以根据企业自身的需求来建设，网站建设费用也高低不等，普通的展示型网站，套用常见的建站模板，几百元即可，再好一点的就是考虑到线上销售、客户服务等营销需求，考虑到网站的收录、优化、维护等运营需求，价格几千元不等，更好的可能会根据公司的要求，建设独一无二的、适合公司特色的网站，这类网站可能就需要独立的策划规划与开发流程。开发周期至少需要1个月以上，价格在1至5万元之间。当然还有更高价格的，比如大型集团类公司，可能会建设各个公司的站群，还会与公司的ERP、OA等系统对接，这个就是很复杂的项目，收费几十万甚至上百万都有可能。

- **自建电商平台**：有的企业会站在行业的视角去建设一个网站，虽然最终的目的也是为自己的公司，但这个平台聚合了行业类的资讯和人脉，开放给行业内其他公司注册和使用。这种平台一般都是行业类比较领先的排头兵，他们既有整合行业部分资源的能力，同时自身也有很强的动力去开展网络营销。

- **平台型社交网站**：B2B业务实际上也是由人去开展的，因此人出现在哪里，B2B业务就发生在哪里。所谓平台型网站就是人们日常工作生活中甚至已经难以离开的一些网站，这些网站有高达几亿的用户群体，已经成为用户工作生活的一部分，比如搜索引擎平台百度、沟通聊天平台QQ、移动沟通分享平台微信。

- **综合性商务网站**：商务网站是指网站的主要作用就是为了实现商务活动中的某些环节，如阿里巴巴1688站、慧聪网等发布信息为主的综合性电商平台，百度推广、腾讯广点通等以发布商务广告的网站，微信公众平台、企业QQ等以商务服务为主的平台。

- **行业性电商平台**：行业性电商平台是与综合性电商平台对应而产生的，基本上每个行业都会有不少专门服务于该行业的电商平台，这些网站通常是行业人士集聚的地方，如我的钢铁网、中国化工网、锦桥纺织网等。

- **移动商务平台**：随着移动互联网的发展，一些商务类的手机网站、APP等也逐渐聚集了大量的B2B用户。

2.2.5 核心产品定位

核心产品是企业在某段时间主要向市场推荐的产品，一般有以下几种情况：

- 核心产品是企业长期生产、工艺已经非常熟练的，这类产品质量更有保证，生产效率更高，出错风险小竞争优势大，当然值得推荐，这种情况一般是市场稳定，产品品种比较常规的企业采取的定位。
- 核心产品可能是市场需求旺盛的产品，这类产品网上竞争对手少，利润空间高，当然也值得推荐，这种情况一般是生产品种随市场变化，库存少，以生产特殊产品为主的企业采取的定位。
- 核心产品可能是公司因库存太大、资金周转或者市场大幅变动等情况急于出手的产品，这种情况一般是不得已而为之，却也是意外发生后，解决问题的有效办法。需要指出的是，按照二八定律或者实际经验看来，每一个企业一定需要至少有一款主打产品，这些产品将是企业的主要利润来源。当然同时主打很多款产品也是不合理的，那样精力会太分散。

2.2.6 产品卖点定位

在网络上和客户见面的，首先不是业务员，而是产品信息。并且客户在网络上会同时对比了解多家供应商，这时候能够在同质化商品中看到独特卖点将是影响客户选择的关键。产品卖点定位是目前做网络营销的企业最容易忽视的问题，因为有些常规产品本身就那么几个品质标准，所有的同行生产出来的产品都差不多，所以我们就默认为这种产品的卖点圈内人都知道，无需在刻意表示出来。久而久之，大多数朋友进行网络营销时对于常规产品的买点都统一为“质优价廉”。又因为网络上所有产品都表示“质优”反而让采购商不敢轻易相信。

独特卖点应该要能表现你与众不同的核心竞争力，当同时有多家供应商都在自诩质量保证、价格优惠的时候，“质优价廉”这么明显的卖点在网络上就不那么有价值了。在传统营销培训业，有这样一句话：一流的业务员销售思想；二流的业务员销售服务；三流的业务员销售产品；四流的业务员销售价格。在网络上体现能力高低就看策划能力了，我们要将销售思想、服务特色、产品优势等信息统一策划布局，表现在客户眼前。具体的思路后文会提到，主要就是在分析好网络上的竞争对手后，表现出自己和他们不一样的地方，以期给采购商留下美好印象。

2.2.7 核心关键词定位

前面讲到，就像我们经常在网络上查找信息一样，客户在网络上查找信息的途径之一就是通过关键词进行搜索。我们如果想让客户更多地找到我们，就有必要搞清楚如果客户要买我的产品会搜索那些词，那么这些词就是我们要定位的关键词。最简单的操作方法就是假设法，假设你自己没有任何资源，现在安排你在网络上采购你销售的产品，你将会怎么做？不妨试一试，如果你很容易找到自己公司的产品，那么恭喜你。如果你找到的是竞争对手的产品，那么你就需要有所行动了。

在网络上，我们的每个一产品，公司的每一个特点都是通过网页信息展示给客户看的，然而在浩瀚的网页信息中，关键词是陌生客户找到我们的必要途径。因此关键词定位是否妥当，直接关系到我们网络营销工作的成效大小。本书也将关键词理论作为贯穿全书的理论之一，全书将会有多处涉及到关键词内容，现阶段工业品、原材料、商务服务等领域常见的方法是以产品词作为核心关键词。然后再根据不同的网络营销目的，以核心关键词为中心，扩散关键词。

产品词——顾名思义就是指能够表示你所销售的产品通用名称的词。可能是产品大类词，也可能是产品细类词，甚至可能是产品俗名词。由于行业众多，我们举一个例子说明，其他产品参照就行。

例：滕州市宏鹰纺织有限责任公司是纺织行业一家棉纺企业，该公司产品价目表某产品规格为：T/C 80/20 45X45 110X76 47，这是一个非常常规的产品，要在传统销售渠道上，“T/C 80/20 45X45 110X76 47”已经足以表达产品信息。但是在网络上，客户直接搜“T/C 80/20 45X45 110X76 47”的概率却不高，因为数字多太麻烦。因此我们需要把“T/C 80/20 45X45 110X76 47”在网络上提取出包含的“坯布”“混纺坯布”“涤棉坯布”“涤棉布”“胚布”“布匹”作为核心关键词。核心关键词找准后，凡是最终目的是销售这个规格产品网页信息都应该包含核心关键词。

2.3 互联网营销服务体系

2.3.1 网络营销培训

网络营销实战操作中的每一个环节，都需要人去落实执行，有些关键环节还需要专业的网络营销经理人去策划和把控，因此，可以毫不夸张的说，网络营销成就大小的关键就是人才。但实战型网络营销人才欠缺导致很多企业开展网络营销出现困难，因此很多企业开始用培训的方式来弥补专业方面的欠缺。

目前市面上的网络营销培训课程基本可以分为两大类：一是针对企业高层的课

程，也就是所谓的网络营销战略班、网络营销 EMBA 班等等。这类课程只是起到给部分土豪老板灌输网络营销鸡汤的作用，一般这类课程要么用很多成功案例来调动大家的情绪，要么包装出一些专业的术语去讲高深理论。这类课程总是少不了成功学式的爆场形式和对马云成功励志语言的循环播放，学员在现场热情高涨，觉得网络营销很厉害很重要，对网络营销产生了极高的期望，但是回去后感觉什么也做不了，都不知道怎么开始，主要原因有两个：一是很多讲师从来没有实操经验，或者已经多年离开网络营销一线，课程已经脱节。二是网络营销培训通常针对的是全行业的很多学员，由于要顾及到全体，课程所讲的都比较浅显，做不到针对性的战略指导。

第二类课程是操作型课程，也就是各种所谓的操作班、微营销班、就业班等等。这类课程都是讲网络推广的方法、SEO 优化、微信营销推广等。这类课程目前水平参差不齐，基本上围绕热门的平台一阵风的热炒，微博火了就讲微博营销，微信火了就讲微信营销，有些讲师“水平极高”，今天还在讲微博，明天摇身一变成为微信营销大咖，总是能把自己包装得很有实力，当然也有很多有实际成功经验的讲师，但这类讲师一旦离开实战岗位，很快也就谈不上专业了。在网络营销实操领域，实战型的高手在民间。真正的高手都在某个公司的网络营销岗位上奉献着，因此如果能认识行业内做网络营销不错的公司，去联络学习，这是最好的。

2.3.2 网络营销代运营

百度百科关于运营的定义为：运营就是对运营过程的计划、组织、实施和控制，是与产品生产和服务创造密切相关的各项管理工作的总称。因此，运营是一个很大的概念，在很多公司，都会设一个高级管理岗位 COO，即运营总监或者首席运营官。在互联网平台公司会有网站运营总监等岗位，所以通常会在运营的前面加上一个定语来做区别。比如：项目运营、网站运营、用户运营、内容运营、网络营销运营等。

网络营销代运营主要是指帮助一些希望做电商的传统企业开展网络营销的第三方机构，包括企业网络营销整体外包的综合型代运营公司，也包括企业网站代运营、商铺旺铺代运营、网络推广代运营等外包某一小领域的公司。代运营公司是传统企业涉足电子商务的重要力量，尤其是是消费品网络营销领域，网络营销竞争非常大，与专业的代运营公司合作是很多企业成功转型的法宝。专门针对工业品领域的代运营公司目前还不是很多，随着工业品网络营销越来越火热，相信一大批的专业代运营公司会出现。因此现阶段企业选择代运营公司时，要特别注意该公司所擅长领域的是消费品领域还是工业品领域。

2.3.3 网站建设

网站建设曾经是很多企业开展网络营销的必选项目，在网络信息较为匮乏的年代，企业只需要建立一个网站，很容易就收到不错的效果。随着网络信息的增多，建立一个普通的网站已经很难再被用户检索关注到，很多企业花钱建立网站基本上成为一个摆设。现在有一个趋势，普通的网站已经逐渐消失，随之而来的是营销型网站建设的盛行，本书营销型网站建设章节具体阐述。

2.3.4 网络营销策划

企业网络营销是一项系统性的工作，网络营销策划就是为了完成网络营销目标而进行的策略思考和方案规划的过程。这个过程涉及市场分析、竞争分析、目标客户分析，卖点提炼、沙盘模拟、人员配置、财务预算等各个方面。不管多么复杂的网络营销项目，具体的策划过程基本遵循以下三个步骤。

- **确定网络营销目标**：根据企业的战略规划、现有资源、相关业务开展情况确定网络营销目标。
- **设计网络营销方案**：分析目标群体、竞争对手、行业资源、资金投入，确定整体策划方案。
- **实施网络营销方案**：先将整体策划方案分解成若干子模块、子项目，再分解成小目标、小任务，最后分解成可以执行的动作，使方案的每一个点都有专人跟进负责。

看上去比较简单，但是一份科学的、经得起推敲的网络营销策划方案，往往需要对统计学、逻辑学、社会学、心理学、经济学、传播学、组织行为学等知识综合运用。因此经验丰富的网络营销策划机构逐渐成为企业开展网络营销的必备的智囊。

2.3.5 商务网站平台

企业开展网络营销总是需要借助特定的媒介，要么是企业自建网站和渠道来开展网络营销，要么借助已有的第三方平台。目前适合企业进行网络营销的平台非常多，但适合工业品网络营销的归纳起来也只有常用的几类，分别是：即时通讯软件平台、行业性电商平台平台、综合性电商平台平台、搜索引擎平台、分类信息平台、交流展示平台、网盟展示广告平台。第三方网络营销平台的特点是通过免费提供基础服务聚集起大量的买卖双方，然后通过收费的形式来把更多的资源倾斜给付费用户。

2.4 优选网络营销运营商

据了解，虽然很多传统企业都在尝试开展网络营销，但真正取得实际效果的不多，即便有一定的效果，也和企业最初的期望值相去甚远。实际上大部分企业都已经认识到开展网络营销是这个时代的必然，但苦于没有实战型的方法和人才，因此找专业靠谱的网络营销服务公司合作成为解决这一困境的务实办法。

在前面提到的几种网络营销服务中，基本上每一类服务现在都有很多的服务机构，尤其是在互联网应用广泛的沿海及经济发达城市，提供网络营销培训、网站建设、网络营销代运营服务的公司数量众多，但企业实力、团队专业性等方面良莠不齐。有已经在纳斯达克、新三板等挂牌上市的知名企业，也有很多一两个人组成的小型公司，甚至也存在打着网络营销服务幌子的骗子。另外，目前有成千上万的行业型网络营销平台，也有百度、阿里、腾讯这样的巨无霸平台，也存在一些没有什么实质内容和用户的空壳网站。

那怎样能选择出比较靠谱的网络营销服务商呢？有以下几点建议供参考。

2.4.1 查验待选企业的资质

企业最基本的资质当然是营业执照，可以通过营业执照了解企业的成立日期、注册资本、营业范围等。成立时间短、注册资本少、主创团队又没有特别丰富的实战经验的，可能在专业服务上会欠缺，建议慎重考虑。如果连营业执照都无法提供，或者营业执照上没有提供的网络营销服务类别，可能是兼职开展这项业务，除非值得信赖的人介绍，否则最好还是找实力雄厚的公司合作。

2.4.2 考察待选企业的成功案例

大多数网络营销服务商都会重点宣传服务过的成功案例，通过这些案例来证明他们服务的效果。成功案例越多，就说明这家公司的实际合作效果越好。当然，对于这些成功案例，我们是必须考察验证的。你可以搜索所罗列的成功案例，请懂行的朋友分析一下实际效果，万变不离其宗，好的效果是经得起分析推敲的。

2.4.3 听其言观其行

制定一个网络营销解决方案，需要非常专业的能力，需要了解企业的网络营销战略规划、营销目标、产品策略、人员情况、预算安排等诸多事项。有的企业为了利益，急于收取服务费用，整个过程中只谈他们是如何有水平、有能力，能解决你网络营销遇到的所有问题，但从没有问过你的公司、你的产品、你的客户群，甚至都没有问过你的具体想法，以及你想达到什么目标。如果没有和企业一起沟通过以上问题，就拿出一个通用的方案，基本上可以断定，这个方案是没有针对性的，对于这样的公司，只能用“忽悠”来形容。

2.4.4 热炒概念的要小心

对于一些比较时髦的概念，很多公司都会加以利用。比如大数据、互联网+、工业 4.0、物联网等。这些词语都很时髦，但要真正结合行业实际落地总会延迟。如果有些企业仅凭这些时髦概念去大力推荐其产品，而没有落实到具体的营销服务上，要小心没有实质内容的炒作。

2.4.5 过分承诺效果不可信

网络营销本身是一个非常系统的工程，虽然专业的网络营销服务商能够帮助企业拿出解决方案，但是否能达成最终的目标涉及到许多变量，比如预算投入是否及时到位、企业网络营销实施人员能力素质等等。因此，100% 承诺效果是所有网络营销服务公司都不能保证的。

2.4.6 索要“试用资格”

如果对自己提供的服务有信心，应该敢于做先尝试后付费这种方式。如果一提到试用就支支吾吾，可能是服务水平还需提高。当然，大型的网络营销服务公司也可能因为管理流程等原因不开放试用，另当别论。

2.4.7 太高深莫测的不靠谱

网络营销涉及的所有服务，说到底都是围绕“营销”来展开的。网络营销的本质是营销，网络只是手段，一切脱离营销这一本质的网络营销方案都是不专业的。如果一个公司跟你谈网络营销服务时，谈了一大堆你理解不了的技术问题，却没有告诉你怎样和客户、和你的产品销售挂钩起来，最多只能说明这个公司很有技术能力。

2.4.8 不要过于相信“权威”

很多服务商都会宣传自己的各种权威证明，如“十大培训机构”“网络营销第一人”等，凡是这种没有官方渠道证明的所谓权威证明，不用太过迷信。实际上，官方也很少去评选、颁发这样的荣誉。

2.4.9 诋毁同行的要注意

但凡比较有自信的公司，都会比较客观地评价竞争对手，如果遇到那种一味指责和诋毁同行的公司，说明这个公司崇尚的价值观并非良性的竞争。这个时候你更应该多了解一下其他服务方，争取做出比较客观的选择。

当然，如何去选择一个网络营销服务商可能还会有其他的方法，比如，多问行业内朋友的看法，以及多了解几家同类型的服务商，多考察每一家的服务态度，或者实地去感受他们的企业文化等。

第 3 章
内容营销，全面开花

所谓内容营销，就是通过文字、图片、视频等形式传递企业品牌或产品服务相关的内容，来吸引用户关注，给用户以信心，从而达到促进销售的一种营销方式。根据发布信息的目的，内容营销信息可以分为销售推介型信息、知识普及型信息、品牌传播型信息、价值文化型信息、公告公示型信息。

网络营销所发布的每一条信息在网站上都是以网页的形式展现和存储的，而每一个网页都既有用户看不见的部分：包括网页标题、网页关键词、网页描述等，也有用户能看到的部分：包括信息的标题、信息的内容、发布人联系方式等。

用前面所介绍的网站分析和评估方法，选择对搜索引擎友好度高、权重高的可提交信息类网站中大量、规律性注册的信息，并按照关键词章节的描述优化，就可以发布出高质量的信息。

本章的重点目标在于让潜在客户找到我们，并且最终选择和我们合作。因此，高质量的网络营销信息发布，主要包括两个方面：一方面从信息优化角度出发，以获得曝光为核心，通过科学有效地在各种平台上发布信息，以使得所发的信息在百度、360 搜索等各大搜索引擎平台能获得好的排名和展现。另一方面是从销售引导角度出发，以获得客户为核心，通过把产品属性、产品卖点、产品价值、公司实力、售后服务等重要的销售信息有机组合在所发布的信息里，通过优质的信息引导更多看到信息的人发出购买动作。笔者根据多年的网络营销实战经历和咨询服务经验，将业务员应该掌握的高质量网络营销信息发布基本知识和技巧，融合于信息发布的每个关键步骤之中，强化了信息优化思维和网络成交思维，可以达到事半功倍的效果。

通过本书搜索引擎有关章节，我们已经了解了搜索引擎的收录、抓取、预处理和排名机制，我们已经介绍了工业品网络营销常用的几类平台。接下来我们要做的就是分析选定的 B2B 电商平台、分类信息网站、自媒体平台等网站，通过合理的创意标题设计、排布关键词、编写信息介绍，逐条在众多网站上发布信息，当客户搜索某关键词时，我们所发布产品信息出现在搜索引擎前列，并尽可能使客户在搜索时找到的大部分信息都是我们自己的产品信息，也就是传说中的霸屏。在本章中，通过对信息发布的理论和技巧进行同步阐述，强化掌握，提升信息发布效果。这种理论与实战相结合的模式，上手快，实用性强，初步形成了一套高质量网络营销信息发布的操作标准，对于普通业务人员如何更好地开展网络营销具有很强的指导作用。

3.1 信息发布关乎成交

网络营销成交的关键和前提是买卖双方能够匹配上。要么是供应的一方主动地去咨询客户的需求，要么是需求的一方主动去找货源。这个时候，产品主要是以信息的形式展示在网络上，可以简单地理解为采购商想方设法找到自己需要的信息，供应商想方设法推送自己的信息。

我们以工业品采购为例，来看一下现阶段最常见的网上采购场景：从采购商接到需求到采购完成，大概会经过以下流程。

工业品采购全流程
1. 接到外部或内部需求 2. 分析用途或分析样品 3. 确定规格和要求 4. 查询合作供应商是否有相关品种并询价 5. 网上查看相关公司报价或发布采购需求 6. 等待供应商报价 7. 选择合适的供应商接收样品和报价 8. 对比供应商样品和价格 9. 选择部分供应商并了解资质 10. 确定其中1家或几家待选 11. 实际洽谈供货价格和交期 12. 拟定采购合同文本 13. 双方确定合同细节并签字 14. 采购方支付订金（或支付全额款项/或其他付款方式） 15. 供应商安排生产样品（产前样品） 16. 供应商寄出样品 17. 采购方确定样品是否合格 18. 供应商安排生产大货 19. 供应商提供大货样品/供应商通知采购商验货 20. 采购方确定大货样品是否合格/采购商验货或抽检 19. 供应商安排发货或通知采购方自提 20. 物流上门取货 20. 双方跟踪大货物流 21. 货物达到采购方指定地点 22. 采购方验货 23. 采购方办理余款 24. 供应方确认余款到账（不含质量保证金） 25. 采购方收货 26. 采购商使用产品 27. 异议期内货品合格，支付质量保证金 28. 采购结束

我们可以看到，这其中重要的几步包括：①采购商网上查找供应商。②选择其中几家供应商初步了解情况。③向其中几家索要样品或预约拜访。④了解供应商的可靠性。这几个重要步骤中，采购商都需要从企业所发布的信息里面去做出判断。信息发布既要解决让采购商找到你的问题，又要解决让采购商最终选择和你合作的问题，因此可以说信息发布是网络营销的关键环节。

其实网站发布信息也是需要讲究一定的规则和技巧的，只要掌握好基本原则，就能在用户搜某一关键词时大部分显示的都是我们发布的信息，达到霸屏效果。

3.2　内容营销策略

内容营销策略分为三种：热点型内容策略，实效型内容策略和知识型内容策略。

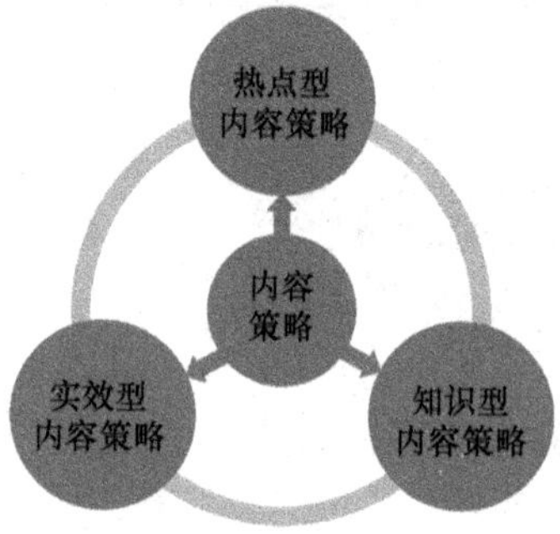

三种内容策略

3.2.1　热点型内容策略

热点型内容即某段时间内搜索量迅速提高，在社会经济领域受到广泛关注的“热点”。可能是大型事件，如奥运会、世界杯等大型赛事；G20 峰会、互联网大会等大型会议；也可能是一些偶然事件，如网红事迹、突发事件等。为什么要蹭热点呢？因为热点就代表着流量，时下人们最为关注的事件或人物，在任何平台都一样可以引发“轰动”和“看点”，而这“轰动”和“看点”就是大量的流量。因此，合理利用热门事件能够迅速带动网站流量的提升，当然热门事件的利用一定要恰到好处。特别是对于灾害类、时政类热点，要特别注意方向性，传播真善美。

记得有一次，中国足球在多次输球后，终于在一次关键比赛中获得久违的胜利，当时我在某毛巾企业负责电商运营，我们迅速推出“中国足球 强势出击，有没有很精彩”一系列话题内容，巧妙的融入“毛巾”元素，达成了很好的营销效果。

3.2.2 时效型内容策略

有些具有新闻属性的内容，时效型是其价值的一个重要因素。时间性越强，其效果作用越大。所以在素材收集、编辑、发布等各个环节都要迅速、及时，尽力缩短与事实发生的时间差，做到快人一步，先人一招。

时效型内容价值较高，题材来源广泛，上下游行情、原材料价格波动等都可以作为内容切入点，因此越来越被营销者们所重视，并且逐渐加以利用使其效益最大化，营销者利用时效型创造有价值的内容展现给用户。作为一名合格的营销者，必须合理把握以及利用该时间段，创造丰富的主题内容。

3.2.3 知识型内容策略

学习知识、经验和技能是大部分人的正常追求。知识型内容针对广泛受众群，以传播和普及知识为目的，传播的知识往往是一般读者都应该知道的，有很强的实用性和指导性。最受欢迎的知识型内容有两类，第一类行业技能提升，如销售知识、房地产知识、法律知识等；第二类是拓展读者知识面，如历史知识、科学知识、健康知识等。

内容营销要考虑用户碎片化阅读的特点，将知识性与趣味性充分结合，可以通过百科、课堂、经验分享等形式，用通俗易懂的语言、深入浅出的方式介绍某一学科、技术、标准、人物的发展历史等。知识型内容语言上尽量摒弃修辞等夸饰技巧，恢复语言的纯净面目，力争给读者简明扼要的知识展示。

3.3 信息标题编写技巧

信息标题是网页中至关重要的内容，对于用户来说，标题是决定用户是否往下继续了解的关键，整个网页内容再好，如果标题很糟糕，用户根本就不会去点击进入。标题在网页代码中通常会被赋予 H1 标签，很多网站会将信息的标题直接当做是网页的 Title，对于搜索引擎来说，H1 标签是搜索引擎判断该网页价值的重要因素，那么编写标题需要注意什么呢？

3.3.1 标题应控制在30字以内

标题字数超过30个字时，搜索结果只能显示前30个字，用户看到你未显示完的标题后，不能完全明白你标题的意思和含义，可能就离开了，同时从搜索引擎营销的角度来看，未显示在搜索列表的文字没有太大意义。

3.3.2 标题应包含关键词

标题中出现关键词是为了让搜索引擎和用户认为你的信息与关键词高度相关，关键词在标题中越靠左越好。要杜绝标题与内容不一致，比如标题是卖服装的，但内容却是卖床上用品的。

3.3.3 切忌堆砌关键词

对一种产品或服务，只需要用一个核心关键词即可，不要在标题上加多个核心关键词，否则，会让采购商感觉你不是专业人士。

举例：A、B两个家政公司都推广“空调维修”这个业务，发布了不同的标题，看看哪一家更合适。

A公司标题：青岛专业空调维修 空调加氟 免费清洗 免费上门

B公司标题：安装维修：热水器‖空调冰箱‖太阳能‖智能马桶盖

很明显，A公司标题更具有针对性，显得更专业，B公司标题同时包含多种关键词，不够精准。

3.3.4 标题不能重复

编写好标题之后，将标题输入搜索引擎搜索一下，查看搜索结果中的标题与你编写标题的重复程度，如果重复度高且数量多，要适当修改，直到重复度低为止。可以搜集多种不同形式的标题写法，把产品名称套进去即可，要有简明扼要的信息主题，让人一目了然。

如：“自行车轮胎 轮胎厂家现货供应 山地车轮胎1.95/1.75”，这个标题的核心关键词是“轮胎”。这样的标题虽然比较生硬，但看到的人能很容易就明白，这条信息主要是介绍“自行车类小型轮胎”的。

3.3.5 标题要有吸引力

一个有吸引力的标题，点击率是远远超过普通标题的。因此标题中除了关键词外，还要融入产品的特点、功能、促销活动等信息，并通过疑问、塑造悬念、引入对比等形式吸引用户点击。

3.4 信息内容编写技巧

一条信息的质量优劣，重点是看信息内容，内容价值不高，标题写的再好也枉然，所以好的内容和好的标题同样重要。现在不管是搜索引擎还是电商平台，都面临信息泛滥的问题，从服务用户的角度，他们都需要把优质的信息优先推荐给用户，因此，信息的质量也直接关系到信息的收录与排名。那么，怎么发布出高质量的信息呢？

3.4.1 内容和标题相符

标题是什么，信息内容中就详细介绍什么，记住，除了介绍基本的属性、功能、特点、卖点外，还要向用户证明你说的都是真的，要能让用户感受到你的诚意和诚信，这样可以增加询盘和成交的转化率。

3.4.2 排版整洁美观

信息的排版一定要整洁，层次分明，切忌一团乱麻没有重点。因为发布信息的最终目的就是让用户看到信息后，再转化成咨询、最终达成合作，如果信息内容看上去眼花缭乱、杂乱无章，用户可能就会离开而转向竞争对手的网站去了。

3.4.3 信息重点突出

现在是碎片化阅读的时代，大部分人看信息的时候都不会特别仔细，因此，对于需要传递的重点信息，一定要突出，比如通过加粗或者标红的形式区分出来，吸引用户的注意。对于一条信息，突出的重点不能太多，2 ～ 3 个重点就够了，重点太多就不是重点了。

3.4.4 关键词嵌入合理

在发布信息时，关键词要合理地融入在不同的段落中，出现 3 ～ 5 次即可，不要单纯地堆积关键词，以免被搜索引擎判定为作弊。第一段文字内容的开头 70 个字内需要融入关键词，因为很多网站内容页描述调用的就是第一段文字内容，这个内容将会出现在搜索引擎的描述中。所以发布信息时，第一段文字要认真推敲编写。

3.4.5 图文结合发布

信息内容单纯用文字看起来枯燥，而单纯用图片的话，搜索引擎又难以识别信息传递的内容，因此图文并茂的好处有两点：一是提升页面美观度，减轻用户阅读压力；二是图片被搜索引擎收录之后，用户在搜索图片的时候也可以找到我们。

图文结合发布丰满毛圈展示

3.4.6 用图片传递价值

用户在浏览信息时，最吸引他的是图片，因此发布信息时有一原则，能用表就不用文字，能用图就不用表。因此要善于通过图片来展示和传递产品的卖点和价值。

在发布产品图片时，要对图片进行简单的处理，比如在图片上添加一些文字，缩小图片占用内存等。本书附录将告诉大家网络营销人员需要的图片处理办法。

3.5 内容发布的策略

内容发布有以下几个策略。

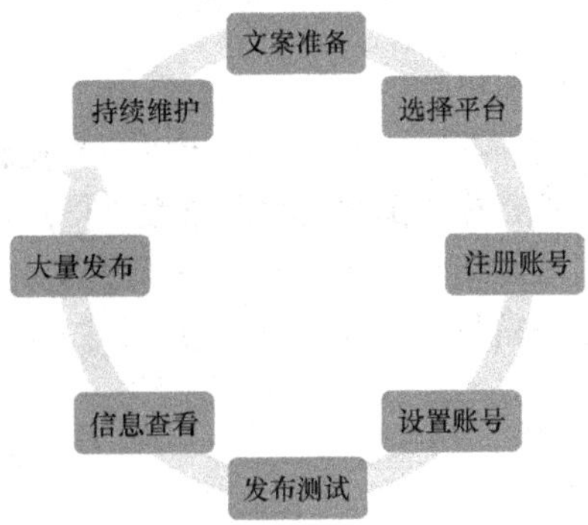

内容发布的策略

3.5.1 文案准备

为了提高信息发布的效率，确保信息内容的连贯性，在发布信息之前，要做好相关的文案准备。

1. 公司基本信息文档

用一个文档把公司名称、注册号、法人姓名、公司地址、公司电话等基本信息记录下来，后期在注册平台时直接复制，不需要再一个个填写。

2. 整理公司简介

根据所发布信息的时期和用途不同，整理多套公司简介，有的突出公司产能，有的突出公司售后，有的突出公司现货充足，有的突出公司营销网络。

3. 整理产品文档

编写每一个产品的基本属性、产品特点、产品价值和自证证据。

4. 总结常见问题

把客户常问的问题记录下来，并整理出回复的文档。

3.5.2 选择平台

把确定要推广的关键词在搜索引擎中搜索，记录下排名前 5 页的网站，这些是百度在此类产品信息的收录上，保持友好的网站。也可以找几家网络营销做的好的同行，搜索他们的公司名称，看他们在哪里发信息，他们能发的网站，你也能发。另外，也可以去搜索“电商平台、信息发布网站、电商平台”等，网络上会有专门介绍这类网站的内容。

3.5.3 注册账号

免费发布信息一般需要注册账号，有些网站可以不需注册快速发布，但为了后期管理和更新方便，建议都先注册账号再登录发布信息。特别注意，注册时一般都会要求填写手机或者邮箱等信息，要确保都用真实有效的信息，千万不要因为担心隐私而使用虚假信息，作为商务人员，你的联系方式不应该是秘密。

3.5.4 设置账号

注册完成后，一般就可以登录网站了，登录平台后一般都会引导你进行公司详细信息的设置，这些信息一定要认真对待。平台要求的所有信息尽量如实填写，这样既能更快通过平台验证，后期也容易获得用户的信任。公司介绍、网站地址、公司动态、资格认证、各类证书、营业执照等信息要一一填写，不要嫌麻烦。具有比较完善的信息更容易获得平台的推荐，更容易获得好的站内排名，更容易显示在平台的供应首页或者网站首页等高权重页面，也就更容易获得搜索引擎的排名。

这里需要注意的是，公司网址一定要填，就填写“广泛撒网、重点培养、一个核心”中的一个核心对应网站网址，如果是官网就是你的网站网址，如果是其他平台就是你对应的商铺网址。友情链接能做的话一定要做！重点培养的几个平台页面相互链接，最终都指向这个网络营销的核心，即本书所说的“一个核心”。

另外，如果是发布销售型信息，不管是公司的还是个人的联系方式都要公布出来，包括公司总机、传真、业务总机、业务传真、售后服务电话、公司办公地点、业务员真实姓名、手机、QQ、微信、MSN、Skype、邮箱等，越多越好。客户越了解你，就越信任你。

3.5.5 发布测试

注册完一个平台后，先发布一两条信息看看效果，要填写发布信息的标题及详细内容。填写完毕提交后，有些要等待网站管理员的审核通过，才能看到自己发布的信息。

需要特别注意，所有电商平台和分类信息网站发布信息，都会需要你选择信息的类别。类别一定要根据产品属性，选择合适或者相近（没有理想的就选相近的）的类别，不能随意。如果类别选择错误，很可能会被网站管理人员当做不合格信息不予审核通过甚至删除，即便审核通过，发到错误类别里面的信息其效果也会大打折扣。

3.5.6 信息查看

待信息审核通过后，打开信息页面，鼠标右击查看源代码，分析 MATE 标签，看看关键词和标题与我们发布时是否一致。然后把已经发布的网页网址粘贴到百度搜索框中搜索看信息是否被收录。一般来说，收录快的网站值得后期多维护。

3.5.7 大量发布

对于经过测试，已经熟悉操作流程的网站，可以开始有计划地大量发布供应信息。所谓的大量就是只要平台不限制，只要内容不重复，就一直发布。

3.5.8 持续维护

信息发布贵在坚持，对于已经发布过的信息，要有计划地进行重发和更新，比较重要的平台要每天更新信息，重发信息，这是最重要的，只有这样，已经被引擎抓取收录的信息才能保持在它出现的那个位置，否则很容易就会淹没在其他同行发布的信息中。

刚开始时，发布信息是一个持续简单进行的工作，无聊无挑战性，需要信息发布人员有足够的耐心和毅力，等信息发布数量积累到一定程度，剩下的工作就相对轻松了，只要定时更新一下信息就可以。关于更新的时间间隔，一般的平台可以保持在半月更新一次，重点培养的平台每周更新一次，官方网站或者核心使用的那个平台每天保持更新。

发布的标准就是“广泛撒网、重点培养、一个核心”。要尽量多注册多发布，一些效果好的平台可以多注册几个账号发布，做到“广泛撒网”，所谓的广泛就是越多越好，最低也得在超过 200 个以上网站发布信息。如果时间精力有限，就注册本行业相关的以及比较出名的平台，定期维护这几个平台，做到“重点培养”。不管注册发布了多少平台，都一定要选择其中一个作为核心平台，用心经营，保持在这一平台的活跃度，把其他所有平台的流量都引导过来，做到“一个核心”。

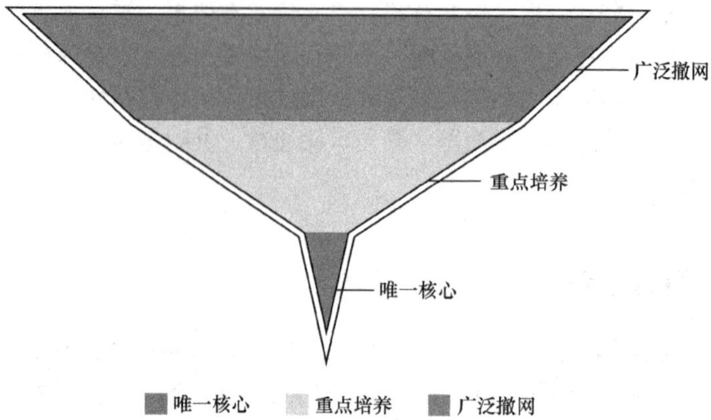

内容营销信息发布漏斗模型

3.6 内容营销渠道

3.6.1 论坛营销

论坛营销就是利用论坛这种网络交流平台，通过文字、图片、视频等方式发布并传播公司的品牌、产品和服务信息，从而让目标客户更加深刻地了解公司的产品和服务，最终达到宣传公司品牌、产品和服务，加深公司产品在圈内的认知度。

论坛营销曾经红极一时，大多数早期从事网络推广的人都亲身体验过论坛营销，但随着更多网络营销平台的出现，以及政策对网络论坛的监管加强，论坛营销逐渐淡出人们视线。但以阿里巴巴商友圈、世界工厂网厂商社区等为代表的商人论坛依然有大量的活跃商友。在阿里巴巴商友圈，一篇高质量的论坛贴子，阅读量甚至超过 10 万人次，因此论坛营销依然有其独特的价值。

论坛营销切忌直接发广告贴，明显的广告帖子会被社区管理员直接删除。要分析论坛各板块的内容特色，通过专业的内容策划、文案撰写、节点发布、互动答疑、内容推荐等流程，并在论坛内部利用论坛的资源进行推广传播，包括申请版主置顶、踩楼、灌水等多种形式，扩大帖子的影响力，达到传播品牌、产品和服务目的。

由于每个网站的论坛特色不同，所以针对每个论坛所发的内容也不一样，最好的学习办法就是到每一个论坛，先分析该论坛近一个月最火爆的那些帖子，看看这些帖子都有什么特点，内容上风格上模仿就行。其次就是要经常和论坛管理员互动，比如及时回复管理的公告帖，私信和管理员做一些交流等，总之就是多露面，搞好关系。或许哪一天你会发现，管理员给你置顶了一个帖子，比你辛苦推广效果好很多倍，当然了，前提是你的帖子相对优秀。也就是说，优质帖子和搞好关系是论坛营销的两个法宝。

3.6.2 博客营销

什么是博客营销？博客营销就是利用第三方博客平台，如：网易博客、新浪博客、搜狐博客等，发布与公司品牌和产品相关的信息，通过长时间的积累，及时更新，及时跟进用户留言，最终达到营销推广的目的。

博客营销同样是一种很不错的推广营销方式，已经得到非常多企业的认可和使用，在博客推广中，内容不在于多，在于精，提供和传递有价值的信息才是大家所喜欢的信息。一般以诸如行业评论、工作感想、心情随笔和专业技术等作为企业博客内容，通过原创专业化内容进行知识分享，争夺话语权，建立起个人品牌，树立自己“意见领袖”的身份，使用户更加信赖企业，深化品牌影响力。

3.6.3 软文营销

软文营销是通过门户网站或电商平台等平台传播一些具有专业性、新闻性和宣传性的文章，包括新闻通稿、深度报道、新品动态、产业科技等，把公司的品牌、人物、产品、服务、活动项目等相关信息以新闻报道的方式，及时、全面、有效地向行业用户广泛传播的新型营销方式。

软文营销要注意以下几个方面。

1. 内容的真实性

软文营销要以基础事实为依据，不能胡编乱造，虚假宣传。

2. 内容的价值型

软文营销要兼顾企业宣传和新闻属性，传递对行业有价值的信息，单纯的广告有损品牌形象。

3. 内容的推广目的

软文营销要对内容进行规划，每一时期，每一篇软文，都要有特定的推广目的，以此来确定内容风格和推广渠道。

3.6.4 视频营销

视频营销指的是企业将各种视频短片以各种形式放到互联网上，达到一定宣传目的的营销手段，成功的视频营销不仅仅要有高水准的视频制作，更要发掘营销内容的亮点。视频的内容决定了其传播的广度，好的视频能够不依赖传统媒介渠道，通过自身魅力俘获无数网友作为传播的中转站。

与通过文字、图片等来传达信息相比，网络视频传达方式则更直接、更形象、更容易为网民接受。网民看到一些或经典、或有趣、或惊奇的视频总是愿意主动去传播，自发地帮助推广企业品牌信息，视频就会带着企业的信息在互联网以病毒扩散的方式蔓延。视频营销要有明确的目标，找到合适的营销诉求，是想让更多的人知道产品，还是想推广品牌价值，还是传播企业文化。

3.6.5 问答营销

问答营销属于互动营销新型营销方式，是介于第三方口碑而创建的网络营销方式之一，营销方式既能与潜在消费者产生互动，又能植入商家广告，是做品牌口碑、互动营销不错的营销方式之一。

常见的问答营销平台有百度、360、搜狗、天涯、知乎等。前期可以通过提问或者回答的形式发帖。提问的方式很简单，比如你家供应的是 A 产品，你就问“有没有人知道 A 产品现在的行情如何”。然后通过另一个小号来回答，回答的过程中可以简单提一下你的公司。

问答营销是网络营销中最为常见，要注意遵守问答站点的发问或回答规则，要兼顾问答内容的价值，给用户提供有价值的问答互动，所以问答营销是一个长期坚持的过程，广告的营销必须要变得更加软性，不能用明显生硬的广告词，要巧妙地运用软文，让自己的产品、服务植入问答里面，达到第三方口碑效应。

3.6.6 文库营销

可以通过百度文库、豆丁网等网站上传产品目录、市场评述、行业百科等一切你觉得对上下游用户有用的资料。通过这些资料你可以穿插介绍业务，可以插入你的网站、商铺等网址。如果你上传的文库内容足够好，就会被其他的网站进行转载，经过转载之后的每一篇文章都带有我们的信息，可以更好效果的在互联网上传播。

文库是供网友在线分享文档的平台，对优质的内容自然很欢迎，同时也会竭力避免垃圾内容。因此用户上传的文档，一般都需要经过审核才能发布，要确保文档图文结合排版美观，文字的描述清晰。

其实，百度旗下的百度经验也可算是文库营销的类型，可以通过百度经验发布一些我们在专业方面的特长，给浏览到的用户树立你的专业形象。比如“怎样

减少 ×× 行业 ×× 产品生产环节的损耗”“如何降低采购 ×× 产品的成本”“怎样挑选出优质的 ×× 产品供应商”。只要是站在替用户解决问题的角度来写经验，还是受百度欢迎的。

3.6.7 百度系营销

百度主要的作用是用来查信息的，但百度也有一些栏目可以发布信息。并且由于百度自身平台上内容会优先排名，所以往往在百度平台上发布的信息能获得更大的访问量。但是，出于对平台质量的把控，目前百度对纯粹的广告内容是比较排斥的。因此在运营百度各平台时，不能急功近利，要发布一些知识性、谈论性等能给用户一定价值的信息，处理已经提高的百度知道、百度文库外，百度系还有以下渠道可以用于内容营销。

1. 百度贴吧

主要用途：可以在你与你行业和产品相关的贴吧里面发一些帖子，遇到比较感兴趣的帖子也可以回复。这几年百度贴吧的管理相对较为严格，纯粹的广告贴很难通过审核了。因此在每一个贴吧发帖之前，先大致看一下这个贴吧的内容，学习那些吧内达人的发帖风格。

2. 百度百科

主要用途：主要用来创建百科词条。目前百度比较容易创建的是企业百科，也就是为你的公司名称创建百科，只需要提交营业执照和联系人，通过的概率很高。还可以为你们公司管理团队、公司品牌建立百科。

3. 百度推广

主要用途：百度推广是百度推出的按照点击付费的一种广告服务，理论上说，因为占据了百度这一重要入口，企业可以通过百度推广短期内获得较好的网络营销效果。但由于大部分企业目前并没有专业的百度推广专业人员，很容易导致大量的费用被浪费最终没有效果。根据我个人投放和了解的情况来看，做得好的可能投入几千就能见效，不会操作的花了百万也没有效果。

4. 百度地图

主要用途：可以通过百度地图标注你的工厂、办公地址、仓库、办事处等场所的地址，当有人在百度搜索你公司时，会在地图上显示你标注的地址和联系方式，方便用户实地去拜访。如果地图上的信息标识有误，你还可以通过验证资质后更改。

5. 百度搜索引擎

百度搜索包括网页搜索、图片搜索等，可以通过百度搜索相关的关键词，来确定哪些网站的权重和排名较好，以便后期使用；还可以通过百度搜索来查看竞争对手在网络上的信息和广告发布情况，以便做到知己知彼；我们还可能会经常搜索发布信息的网址，来验证发布的信息是否已经被收录；另外，有时候缺乏相关的图片时，也需要用百度的图片搜索来找一些合适的图片。

案例：新申集团：软文推广助推品牌路

新申集团成立于 1988 年，是一家集亚麻设计、研发、生产和服务于一体的集团化领军企业。专业提供亚麻面料服务，构筑整体解决方案。多年来，新申不断致力于在国内大力推广亚麻文化，推动绿色、环保、健康、舒适的亚麻生活方式与消费者时尚生活产生共鸣，并跨界融合科技、麻纺、时尚、设计、环保等多重资源，推动亚麻面料迈向主题化、系列化，提升亚麻品牌价值，创新商业模式来满足国内外品牌商家对于高品质、高附加值的亚麻面料的需求，推动企业与品牌化接轨，促进亚麻行业的发展。

新申集团是软文营销的集大成者，自 2009 年以来，一直把软文营销作为重点推广方式，每年有计划的对外发布软文 200 多篇，平均每工作日超过 1 篇，像能有计划的坚持原创软文营销这么多年的的企业，实在是不多见。

在内容规划上，新申集团已经形成独特的内容体系，分别是新申动态、麻纺时尚、时尚趋势、麻类常识四类。

新申动态：主要编写发布公司对外参与的各种交流活动，意在传递公司的活跃市场地位和良好发展前景。

元宵节茶会 | 新申亚麻诚邀您幸福闹元宵
传承再造，匠心 2017 新申集团 2017 年会解读
新申亚麻 2017 新年献词 | 创新是最好的传承
新申集团被中纺联授予品牌培育管理体系有效运行企业
新申亚麻参与制定修订多项亚麻纱、亚麻布国家及行业标准
新申亚麻 2017 新年献词 | 创新是最好的传承

新申亚麻荣获2016年度中国纺织工业联合会产品开发贡献奖
2016年度中国品牌价值评价：新申集团品牌价值6.06亿
2017春夏亚麻流行面料抢先看（六）：用文化织造品位
亚麻与魅力之都的交融碰撞：香港设计及创新科技博览会

麻纺时尚：主要编写发布公司主打产品“亚麻”在时尚领域的应用，是几类文章中营销性最强的类型，但可阅读性也较高。

亚麻闪耀2014中国麻纺织绿色时尚产品文化年
中国麻纺年会暨2014麻纺绿色时尚产品文化年启动仪式在京举行
亚麻花开 热烈祝贺2014中国麻纺行业协会年会在京开幕
给力麻年 万麻奔腾 助力2014中国麻纺绿色时尚产品文化年
时代赋予麻纺织业机遇和使命 新申亚麻迎来新发展
南极情缘！新申亚麻祝贺中国科考船“雪龙号”成功突围
盘点2013之麻纺—内外销市场稳步推进 中国麻纺四大亮点
2013纤维原料企业：就要与众不同
新申集团致力于研发绿色环保亚麻抗辐射面料
新申亚麻抓住圣诞市场机遇 获取客户与订单

时尚趋势：主要编写发布公司主打产品“亚麻”在各种场景的应用，内容给人清新愉悦的感觉。

新申亚麻村	你好，有亚麻床品的夏天！
新申亚麻体验中心：带上亚麻布，野餐去！
新申亚麻体验中心：流行了几千年的亚麻，还会火下去！
新申亚麻体验中心：亚麻情怀
新申亚麻体验中心：二月临风 恋上亚麻

新申亚麻体验中心：正确的日常保养 让亚麻永远风情万种
新申亚麻体验中心：春季正是读书天 窝在亚麻沙发上看书更惬意
新申亚麻体验中心：亚麻说，环保融入时尚也没有那么难
新申亚麻体验中心：穿上亚麻 告别春季敏感肌！
新申亚麻体验中心：有了亚麻，飘窗不只是一面窗！

麻类常识：主要发布与公司主打产品“亚麻”有关的知识类、科普类文章，内容以实用性为主。

新申亚麻课 | 第 20 课：天然环保的亚麻地板
新申亚麻课 | 第 19 课：透气杀菌的亚麻口罩
新申亚麻课 | 第 18 课：麻类纺织品的功能验证
新申亚麻课 | 第 17 课：绿色健康的亚麻织物
新申亚麻课 | 第 16 课：如何清洗亚麻凉席
新申亚麻课 | 第 15 课：亚麻纤维发展史
新申亚麻课 | 第 14 课：渊源流传的麻崇拜
新申亚麻课 | 第 13 课：麻中珍品雨露麻
新申亚麻课 | 第 12 课：源远流长的埃及亚麻纺织
新申亚麻课 | 第 11 课：亚麻纯度的鉴别

在软文传播渠道上，当大部分企业还只会通过官方网站或微信等简单推送时，新申集团早已打通行业相关渠道，通过立体化、多渠道的投放，基本上每篇文章都做到了行业渠道全覆盖。他们以内容交换或者付费发布的方式，与行业内重点的门户网站、相关新闻媒体、微媒体签署长期内容发布协议，并随时和这些平台的编辑保持互动沟通，所以他们既能第一时间精准获得大量的行业素材，又能第一时间让需要发布的新闻稿在合作平台获得推荐，并被其他众多网站转载传播，每一篇文章都能遍地开花。

第 4 章 精准营销，直击客户

4.1 精准搜索营销解密

其实在互联网圈内大家谈的最多的概念是“网站优化”，所谓网站优化是指网站运营人员通过网站规划和技术调整，使网站内容和布局更适合搜索引擎规则，以获得搜索引擎对网站更大量、更频繁的抓取，并且给予更好的排名和展现，以使网站获得更多的流量。同时也通过这些优化使网站更加适合用户习惯，内容更加适合用户需求，让网站积累更多回头访客。最终使网站流量稳步提升，网站价值稳步增长。

由于本书大部分读者并不是专职网站运营人员，更多的是肩负业务重任的营销、管理人员。因此我们参照网站优化方法，把在网络上发布的每一个信息，都按照优化要求去发布。定义为这里说的网页优化。优化本身需要一系列系统操作，但对于业务来说，我们只需要做到以下两点就足够了。

- 努力使发布的每一个信息页面都有利于搜索引擎的抓取。
- 努力使发布的每一个信息页面都有利于搜索引擎的排名。要做到这点，有必要理解搜索引擎抓取和排名规则。

4.1.1 搜索引擎3个发展阶段

搜索引擎大概经历了 3 个阶段的发展。

第一阶段，属于信息匮乏阶段，这一时期，整个网络上的网页数量级较少，这个时候的搜索引擎技术主要是解决信息的抓取。

第二阶段，属于信息爆发阶段，这一时期，整个网络的信息已经达到一定数量级，搜索引擎开始考虑信息的排序问题，同时，以获得排名为主要目的的 SEO 出现。

第三阶段，属于信息泛滥阶段，也就是现阶段，这一时期，搜索引擎考虑的是如何在浩瀚的网页中推荐用户喜欢的内容，并且避免垃圾内容出现在引擎上，同时，以提升用户体验的 UEO 出现。本文主要就是说明现阶段搜索引擎的工作原理。

记得看到过这么一段话：搜索引擎只是网站上一个普通的访客，对网站的抓取方式、对网站、网页的价值判断，也都是从用户的角度出发的，任何对用户体验的改进，都是对搜索引擎改进。对搜索引擎的优化，同时也会让用户受益。

4.1.2 搜索引擎工作原理

上图是在百度以“锦桥纺织网”作为关键词搜索时自然排名的前 3 条信息截图。第一条是锦桥纺织网官网，第二条是锦桥纺织网百科词条，第三条是锦桥纺织网二级栏目。除去第一条官网的特殊子链展示外，3 条信息展示都有共同的特征，就是都分为上行标题，中间文字描述，下行网址和日期（这里读者可以自己在百度搜索任意关键词体验分析）。说明这些信息对搜索引擎抓取网页是至关重要的。在本书中我们会提到，搜索引擎毕竟是机器，不存在主观意识，它的工作原理是按照固定的规则来抓取网页信息。

搜索引擎

我们通过看第一条网址对应的源代码就会找到对应的内容。

<title> 做纺织生意，交纺织人脉，就上锦桥纺织网。</title>

<META name="keywords"content=" 锦桥纺织网 , 纺织网 , 纺织 , 坯布 , 纱线 , 锦桥 , 棉纱 , 纱线网 , 面料 , 中国纺织 , 中华纺织 , 全球纺织 , 中国纺机 , 纺织有限

公司 , 纺织行业 , 纺织企业 ">

<META NAME="description"CONTENT=" 中国行业电子商务百强网站。做全球纺织生意，交中华纺织人脉，享 365 天网上轻纺展。就上锦桥纺织网（sinotex 中国纺织），16 年来专注棉花、化纤、纱线、坯布、面料、服装、家纺等纺织全产业链电子商务。">

通过分析我们就知道每一个能够正常被百度等搜索引擎收录的页面都包含上述 3 个内容，他们有一个共同的名字，叫“META 标签”。以百度为例，对于任何我们在网络上发布的页面搜索出的效果都可以简单理解为：

<title> 我们发布信息时写的标题 </title>11　实际中，网页标题和内容标题可能不完全一样。

<META name="keywords"content=" 我们发布信息时希望客户设定给客户搜的关键词 ">

<META NAME="description"CONTENT=" 我们发布信息时希望客户在百度上看到的简介 ">

这样我们就明确了，搜索出来的信息是什么样，基本上是我们自己可以决定的。为了能吸引客户关注，我们就可以在发布信息时把标题和描述简介写得更吸引人一些。

另外，搜索引擎存在的价值就是让人们更方便地在浩瀚的信息中找到自己需要的信息，因此为让用户有更好的搜索体验，据观察分析，搜索引擎对网络上内容重复的信息只会显示出自认为最有效一条，同时为保证浏览者看到的是仍然有效的信息，对于长时间没有更新的信息会尽量靠后。这就涉及到了搜索引擎的排序规则。

网络上各种信息数量是非常庞大的，搜索引擎处理那么多数据不是一件很容易的事情。为此，搜索引擎逐渐形成了一套很精密的排序法则。同时由于搜索排序对每一个网站都重要，为避免某些内容低劣的网站恶意利用排名规则，搜索引擎会不断调整规则。

4.1.3 搜索引擎工作过程

搜索引擎工作过程非常复杂，很少有人能真正的了解，对于普通的网络营销运用来说，大致了解就可以了。搜索引擎的工作过程大体上可以分成三个阶段。

1. 爬行和抓取

搜索引擎蜘蛛程序通过跟踪链接访问网页，获得网页的源代码存入数据库。

2. 预处理

搜索引擎索引程序对抓取来的页面数据进行文字提取、索引等处理，以备排名程序调用。

3. 排名和展现

用户输入关键词后，搜索引擎排名程序调用索引库数据，计算相关性，然后按一定格式生成搜索结果页面。

4.1.4 搜索引擎收录解析

先来看看收录的原理，大概有以下几个阶段：

（1）搜索引擎蜘蛛大军模拟人游走在浩瀚的网页海洋里。这就是所谓的蜘蛛爬行，搜索引擎会派出蜘蛛大军模拟人的行为去浏览网络上的页面，即会回访已经浏览过的老页面，又按照既定规则浏览未曾看到过的新页面。

（2）蜘蛛所到之处处留情，按门按院安置在存储区。

对于符合规则所浏览的每一个页面，搜索引擎都会对该页面进行标记，并根据特殊方法将这些网页分类索引。

（3）经过特定考察决定是否合格——放到检索区。

并不是所有爬行过，储存过的网页有机会被放出来供用户搜索，搜索引擎会有一系列的筛选和淘汰，只有通过的网页才放到检索区。

（4）蜘蛛是“人”，会对网页分成 3、6、9 等——权重排序。

检索区同样也有海量的网页，那怎么决定这些网页的展现顺序呢？搜索引擎会根据一定的排序规则和复杂的算法确定顺序。

4.1.5 搜索引擎排序解析

首先来看看搜索引擎的几个特点：

- 代表用户：凡是用户喜欢的网页它就喜欢、用户越喜欢它越推荐。也就是说搜索引擎是站在用户角度去展现一个网页的。
- 为了自己：作为平台，它也需要用好的内容留住用户。搜索引擎本身也是一个平台，也要参与市场竞争，因此从用户体验出发，他会根据平台需要去推荐优质内容。
- 自我推荐：搜索引擎相信自己推荐的内容。所以平台自己产生的内容，如问答，文库，百科等拥有较好的排序，这很正常。
- 推广排名与自然排名是没有关系的，也就是不用担心不花钱推广会被封站，屏蔽等，在百度，这种情况基本上不存在，但排名规则是在不断变化，也是搜索引擎有权设定的。
- 怕麻烦：如果网页藏得太深，网址太长它就会放弃。内容太多搜索蜘蛛实在太累。
- 怕迷路：如果网页没有来回指向，它不敢去抓。任务太多它要效率。

因此，排序有着复杂的算法，但万变不离其宗，最主要就是看网页软实力：正所谓打铁还需自身硬。一个网页的“实力”体现在以下方面：

- 网页资质：首页>中间页>内页。
- 网页出生：大站名站>一般站点（主站权重）。
- 网页内容：优质原创>原创>转载改编>采集整理>垃圾。
- 网页 URL：一级网址>二级网址>(一级文件夹>二级文件夹)>文件。
- 内容更新：内容越新越有价值。
- 网页关系：友情链接、外链数量。
- 网页粉丝：浏览量、转载分享数量。
- 内容相关性：关键词密度占 5% 左右。
- 网页定位：网页自己推什么？关键词是什么？
- 网页自身推荐程度：标题、关键词、内容。

更细致的分析如下。

1. 看网页出处，相当于家庭出身

出生背景很重要，一样的内容，发布在不同的网站上，收录和抓取效果都会有天壤之别。这就是为什么有些朋友在各种平台上发布了很多信息，但是在百度平台上却一条都找不到，因为你发布的网站权重太低，不怎么受搜索引擎欢迎。对于工业品网络营销来说，推荐把信息发布到比较知名的门户网站、电商平台等网站上，比如阿里巴巴、新浪博客、锦桥纺织网等。或者搜索引擎自身平台上，比如百度百科、百度贴吧、百度知道、百度经验等。

2. 看网页链接关系，相当于社会关系

网页链接是指你发布信息的这个页面，有没有其他网站或者网页链接指向这个页面。因为搜索引擎会认为链接指像意味着对内容推荐。因此越多的网站链接指向意味着越多的推荐，越高级的网站链接意味着越有重量的推荐。这就说明对于我们发布的重要页面，比如公司网站首页，重点打理的平台商铺首页，或者个人博客首页，要尽量在每次发布信息时都将链接指向这些页面，以提升这些页面的排名。关于这一点，可以网上搜索“友情链接”了解更多有关的知识。

3. 看内容相关程度

内容相关程度就是指网址所包含的的信息与搜索的关键词关联度。最常见的说法就是关键词密度。搜索引擎会认为，网页中包含的每一个词都是网页中的内容组成部分，都能说明网页与该词有关，如果这个词出现的次数越多，网页与该词的相关性就越大。因此，如果我们确定好要推广的关键词后，就要尽可能地在发布信息时融入关键词。一般关键词可以融入的地方有网页标题、关键词区、网页描述、内容标题、内容简述、内容正文等。关键词出现次数也不是越多越好，太多就会涉嫌故意堆砌关键词，反而会遭到处罚，这里我们也不用研究到底多少才合适，关键词字数控制在网页总字数的 6% 左右比较合适。

4. 看内容新颖程度

网络上信息太多，网络上信息的公开性以及复制、采集信息的便利性，使得大量信息重复。为了提供优质内容给用户，搜索引擎会对那些重复的信息进行过滤，同时对网络上独一无二的原创内容给予特别保护。因此我们发布信息时尽量做到新颖，尤其是网页标题和描述要独一无二。对于转载或者复制的内容必要时要进行二次编辑、修改。

5. 看内容更新时间

这个比较容易理解，每个人都不希望搜索到的信息是过期的无效信息，因此搜索引擎对那些发布时间久、更新频率太慢的网站是不怎么欢迎的。因此我们对之前发布过的信息，要保持定期修改和更新，以保证信息时效性。

6. 看网页所在位置和网址类型

简单地说，在同一个网站上，搜索引擎会认为网站首页的内容会比内页的内容更有价值。重点栏目的内容会比普通栏目的内容更有价值，一级网址内容比二级网址内容更值得推荐，二级网址内容比多级网址值得推荐。因此我们可以想办法使自己发布到网站上的内容获得该网站的推荐，大部分网站是欢迎新鲜内容的，只要你的发布信息内容可读性高都会给予一定的站内推荐的，必要时甚至可以考虑花钱购买些主要页面的广告展示位。

7. 看网页是否有利于访客的体验

如果说有利于搜索引擎收录和排名是为了增加访问量的话，那么有利于访客的体验就是为了给访客留下好是浏览体验，增加转化率，进而使更多访客最终转化成为签单客户。

由于我们发布信息的每一个网站布局不同，网站类型和重点规则不同，这里我们只说些通用的情况，具体的类型在发布信息章节再提及。

一是尽量让信息标题能够描述网页主要内容：不管用户从那种渠道来到这个页面，他都是因为对网页标题感兴趣才点击网页的。如果发布的信息标题和内容不一样，容易引起用户的反感。这就要求我们不能只为了吸引用户眼球，而发布一些不相干的东西。毕竟我们是商务人员，虽然是在网络上但也算是商务场合，任何细节都会影响到用户对公司和个人的评价。

二是同一个页面文字形式尽量统一：不要对同一个页面使用多种字体颜色，字体尺寸等，对于特别需要强调的内容可以适当体现出来，但不要给用户造成视觉困扰和阅读阻力。

三是正文文字信息也尽量精简：虽然是网页正文，但是要考虑到用户时间有限，要将重要信息用简介的语言表述出来。对于一些产品参数等信息，可以用图表发布出来，图文并茂，既美观又直观。

4.2 关键词精准提炼

首先坐下来，把需要发布的所有产品，全部分析一遍，将产品分类汇总，针对每一款产品，重点思考几个问题，并做好记录。

4.2.1 产品与竞品分析

要分析公司所有产品的构成，确定出要主推的核心产品。如哪些是属于高利润的产品，哪些是优势产品，哪些是当期热销产品。发布信息的目的是为了销售产品，因此要分清主次，将更多的精力放在核心产品的发布和推广上。

同时，还需要查找网络上相同产品的其他供应商，分析他们在官方网站和在其他平台上发布的信息，看看他们的关键词是如何设置的，有没有可借鉴之处。

4.2.2 关键词提炼分析

分析完产品构成和竞品后，基本就能确定这些产品的主要特点了，针对每一款产品确定三个左右的关键词，然后看看所有的产品的关键词，所有产品的关键词中，重复度最高的几个词，可以作为公司的核心关键词。

注意，在对关键词进行确定的过程中，不要限制自己的思维，甚至可以邀请其他人员参与讨论，进行头脑风暴，尽可能多地写下与每一款产品有关的所有关键词。先不要对这些关键词进行分析和评审，也不能仅仅局限于从销售产品的角度去考虑，需要更多地站在买方的角度去思考，分析采购商可能的搜索行为。

4.2.3 逐步确定关键词

选择不当的关键词时容易出现太泛或者竞争太大的情况，因此要注意。以下三种关键词不合适作为核心关键词，如果有做百度推广的朋友，也建议不要以这类词付费推广。

- 太泛的关键词。如纺织品、纺织、农产品。

这类太泛的关键词难以描述出具体的产品，如果以这样的词作为关键词，吸引来的流量不精准，很难转化成有效订单。

- 竞争太大的关键词。如女装、家具。

这类关键词基本上也能锁定某一特定的含义，但会有大量的信息以这些词作为关键字，因此要想通过搜索这些词时排上搜索第一页，难度非常大。

- 存在理解歧义的关键词。如苹果、小米。

如果你的产品正好是那种吃的苹果和小米，也悲催地告诉你，这些词不合适，因为搜索苹果和小米的人，大部分是关注手机的。

4.3 关键词拓展策略

关键词是客户找到我们的来源词，也是发布信息时重点推荐的词。除了要避开和排除一些不合适的关键词外，由于采购商可能搜索内容的多样性，需要在关键词前后加上一些词语来组合成一个较长的关键词，也称长尾关键词。比较常见的拓展方式有：

4.3.1 1个属性词+关键词

这是一种最为有效的关键词形式，即避开了单个关键词带来的竞争大，同时这种组合也是用户搜索较多的形式，并且也能做到对用户的精准吸引，是最容易做到流量和转化兼得的一类关键词。

- 型号+关键词。如2.5平方电线、45英寸电视机。
- 颜色+关键词。如黄色电线、彩色电视机。
- 品牌+关键词。如正泰电线、海信电视机。
- 性能+关键词。如阻燃电线、智能电视机。
- 用途+关键词。如家装电线、家用电视机。
- 材料+关键词。如铜芯电线、液晶电视机。

4.3.2 多个属性词+关键词

这种关键词组合显得更有针对性，竞争也不大，是最容易做出好排名的一类关键词，但往往对应的流量不是很多。

- 产地 + 品牌 + 关键词。如青岛海信电视机。
- 厂家+品牌 + 关键词。如海尔统帅电视机。
- 材料 + 性能 + 关键词。如多功能液晶电视机。
- 产地 + 品牌 + 型号+用途+关键词。如青岛海信56寸家用电视机。
- 品牌 +型号+ 性能+关键词。如海信56寸安卓系统电视机。
- 产地 + 厂家 + 用途 + 关键词。如青岛海信多功能液晶电视。

4.3.3 通用词+关键词

还有一类比较常见的关键词组合方式，就是关键词和一些通用词的组合，所谓通用词就是可以和任意核心关键词组合的词。

- 关键词+通用词。如电线厂家、电视机厂家、衣柜厂家。
- 通用词+关键词。如供应电线、供应电视机。
- 地区+ 关键词+通用词。如山东电线厂家、山东电视机厂家。

通用词组合的形式也比较多，就不一一举例了。信息发布常见的通用词有：供应、供应商、销售、销售商、厂家、出售、招商、代理、生产、简介、介绍、提供、批发、零售、经销、使用、厂商、公司、单位、定做、价格、行情、报价、加工、行业、工厂、场地、专卖、专供、直销、地区名称等。

4.3.4 一句话型关键词

这类关键词很少直接用在销售推介型信息发布中，但在知识普及型信息、品牌传播型信息、价值文化型信息、公告公示型信息中却比较常见。

- 疑问式关键词句子。如海信电视机怎么样？那个品牌的电视机好。
- 肯定式关键词句子。如海信电视机就是好。海尔电视机真不错！
- 描述型关键词句子。如海信电视机说明书。海尔投影电视原理。

4.4 精准数据库营销解密

在网络营销工作中，网络营销调研需要收集分析数据，网络营销策划也需要以数据分析为基础，网络营销评估和改进也需要以分析数据为前提。某种意义上说，数据管理是一切网络营销活动的基础，其重要性不言而喻。数据管理可分为两个层次，基础应用和大数据应用。基础的数据分析和应用能大大提高网络营销的价值。如果收集掌握了全行业或者更大范围的数据，形成大数据库，大数据管理对企业营销的战略性转型、甚至对整个行业、整个社会的经济结构转型，都能起到非常关键的作用。

那么，对于企业网络营销应用来说，应该如何建成企业网络营销数据库呢？

通常来说，企业营销数据库可以分为数据库搭建、数据采集、数据整理、数据分析和应用等环节。

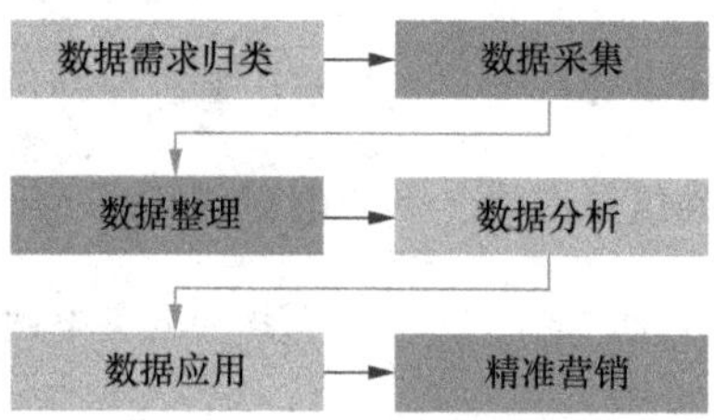

企业营销数据库

4.4.1 数据需求归类

一般工业品企业要进行精准网络营销，需要如下数据表。

- **产品数据库：**用于记录产品规格目录、价格变动、库存变动、原材料变动、供应商数据等，产品数据库的核心作用是明确产品情况，目的是要知道卖什么。对于大中型传统企业来说，就是进销存管理系统。对于中小型企业来说，可以简单理解为即时产品规格表。

- **客户池数据库：**用于记录潜在的客户群、重点开发客户群、高频客户群、忠诚客户群等，客户池数据库的核心作用在于对客户进行分类管理，目的是要知道卖给谁。对于大中型传统企业来说，客户分类管理是ERP或者CRM的重要功能，对于中小企业来说，肯定也会对不同的客户区别对待。多以对客户分类管理容易理解。但精准网络营销所说的分类管理，其出发点不是根据客户的实力大小，购买产品的多少来分三六九等。而是以客户需求为导向，进行客户属性分类，充分挖掘同类型客户的需求，以便在适当的时期有效达成营销目标。

- **客户行为数据库**：用于记录与每一位客户的互动情况，比如询价产品、询价次数、询价时间、询价来源、询价方式或者基于其他非销售话题的互动情况记录。客户行为数据库的核心在于网络营销客户关系管理，目的是要知道怎么卖。90%以上中小企业没有客户关系管理意识，这是大部分企业网络营销无实际效果的重要原因，因为大宗工业品的采购通常都是理性决策，很少有初次沟通就做出购买决策的情况，加之询价方往往都会做多家对比，如果供应一方不主动再次沟通，合作的可能性相当小。如以下为一次普通的客户行为记录。

公司名称：青岛★★★进出口有限公司	
联系人：罗 ** ；电话：0532-*******	
沟通时间：	2016 年 11 月 20 日
主要事项：	咨询货号 3039 价格
进展情况：	已报价
下次回访：	2016 年 11 月 21 日
沟通方式：	微信
客源来自：	百度推广

普通客户行为记录

4.4.2 营销数据采集

大宗工业品企业网络营销通常在以下工作需要数据采集。

1. 竞争分析

知己知彼，百战不殆。大宗工业品很多产品同质化严重，加之曾经存在盲目的跟风现象，导致了很多行业产能过剩、同质化严重，结果是行业恶性竞争，都艰难生存。在传统营销时代，采购成本较高，所以存在一定的区域限制，供应商只需要了解当地的竞争对手就可以。但随着互联网的发展，加之采购决定权越来越多移交的年前一代的手中，线上线下结合的采购甚至纯线上采购已经很常见，企业面对的是来自全国甚至全球同行的竞争。如果要在众多同行中出类拔萃，就需要尽可能地了解精准同行的数据来指导营销行为。

通常来说，通过产品规格，在主流商务网站上采集出直接的竞争对手数量、地域分布、规模大小。再结合各地区人员成本、固定生产成本等因素，便能够知道自己企业在整个行业中的竞争水平。另外再把同行中在网络上比较知名、比较有特色的 10 来家企业做专项分析，包括推广渠道、推广策略、价格策略、品牌建设情况、核心卖点等。就能基于整个行业制定自己的致胜方案了。当然，基于全行业的竞争分析通常耗时耗力，需要聘请专业的团队才能完成，若非立志成为行业领军企业可以不用这么麻烦。一般的企业只需要直接分析几个主要同行，能做出差异化竞争策略即可。笔者曾经花了整整两个多月时间，分析了某纺织类消费品整个网络营销情况，并成功帮助一个新兴品牌从 0 起步，通过差异化、精准营销定位，在短短的 3 个月内就取得不错的效果，这便是用数据进行竞品分析的巨大作用。如果需要进一步沟通合作，可以联系我们团队。

2. 新品分析

若企业需要扩大生产规模，或者上新项目。除了靠投资人和决策团队的“直觉”外。在互联网大环境下，做一些数据采集分析，也是很有价值的。比如可以分析拟上项目的市场竞争情况配合决策，可以分析拟开发新品的替代品情况以便做出差异化营销策略。

3. 客户池收集

当我们知道了卖什么后，接下来要解决的就是卖给谁了。大宗工业品的下游类别不多，只要根据自己产品的用途、档次。供应方很容易就对潜在客户做一个分类，以纺织行业的纱线为例，如果供应方生产的是某规格的纱线，他一定会知道他的纱线是可以用来做手套、毛巾、针织服装、织白坯布还是其他用途。这也就确定了，他的客户群可能是手套厂、毛巾厂、针织服装厂、织布厂等等。这就简单了，通过互联网手段收集所有的这类下游企业的信息，作为潜在客户池，然后逐个维护开发。

数据采集是建立网络营销数据库的关键环节，也是比较费时费力的环节，需要有足够的耐心去坚持做。一旦确定了采集标准，就要实事求是去执行，切忌因为主观原因人为改动或添加数据，否则会造成后期数据维护困难，或者数据无效。

4.4.3 营销数据整理

数据采集阶段收集的的数据通常是杂乱无序的，可能存在重复、缺省、错误等问题。需要根据具体的需求做整理，筛选出有用的数据。需要说明的是，根据我们的经验，哪怕是人工收集的少量数据，也要对原始数据进行备份保存后再整理，原始数据库通常含有更多信息，后期可能会因为其他的用途再次调用。

4.4.4 数据分析和应用

数据分析的目的是了解某一特定事项的真实状态。尤其是在大宗工业品网络营销中，对市场的预估预判、网络营销方案的设计、网络营销渠道的选择、网络营销效果的评估等等都需要有真实的数据支撑。在大宗工业品网络营销中，通过分析网络营销数据库所记载的数据，能产生如下作用。

- 进行个性化营销：能提炼出单个客户的具体需求，进行针对性营销。
- 准确的预判市场：能分析出市场的饱和竞争程度、淡旺季周期等。
- 评估渠道：能对不同的网络营销平台的潜在价值和实际效果进行评估。
- 制订计划：对制订区域销售计划、确定主推产品品类起到支持作用。
- 建立与客户间的关系：对每一位客户的沟通记录、合作次数、合作产品、合作过程进行统一分析，能充分评价每一位客户的信用、购买力等。
- 评估网络营销效果：能对网络营销阶段性成果、网络人员的绩效进行评估考核。

4.4.5 数据库与精准营销

营销界关于精准营销有个 4R 法则，即正确的顾客（right customer）、正确的信息（right message）、正确的管道（right channel）和正确的时刻（Right time）。通过将正确的信息在正确的时刻通过正确的管道传递到正确的顾客手中，以此真正对目标客户的购买决策构成影响，促进营销目标的有效达成。

对于工业品类传统企业来说，由于客户群体往往是产业链下游工厂或者贸易商；目标客户群体原本就很细分，但由于客户分散、信息阻塞等因素，很长一段时间内，传统企业只能选择即低效又浪费资源的撒网式的营销策略。伴随着互联网应用进一步深入，更多的技术手段，更多的数据模型在各行各业逐步使用，已经催生出了一个新的领域——商务智能，能够通过构建各种数据模型来对数据背后的实质进行动态把控。也就是说，工业品营销领域的精准营销时代已经来临。

目前理论界对精准营销研究热情也颇为高涨，检索到的相关文献数量较多，但对于什么是精准营销还没有一个公认的定义。但精准营销的特性是显而易见的：一是重视数据价值，二是对客户群准确定位，三是借助新科技手段，四是个性化营销服务，五是强调客户关系管理。

互联网销售 营销 推广一册通

第5章
营销型网站，聚焦转化

所谓营销型网站就是为实现某种特定的营销目标，将营销的思想、方法和技巧融入到网站策划、设计与制作中的网站。最为常见的营销型网站的目标是获得销售线索或直接获得订单。有关营销型网站的含义可以搜索百度百科词条“营销型网站”去了解。本章的重点主要是怎样建设营销型网站以及如何持续经营营销型网站。

5.1 营销型网站不限于企业官网

在很多关于网络营销的书籍以及培训中，谈到营销型网站时，往往都是针对企业的官方网站建设而展开探讨的，其实这在一定程度上缩小了营销型网站的范围。在我们看来，营销型网站包括一切满足网络营销流程需求的网站，它可能是拥有独立域名的企业官网，也可能是企业在某一第三方平台的商铺，甚至可能是一个个人博客。为便于理解，我们从务实的角度去定义营销型网站是什么。

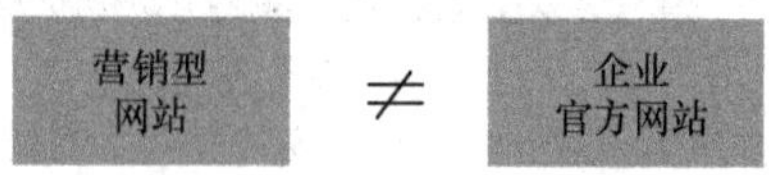

营销型网站≠企业官方网站

5.1.1 营销型网站是能持续经营的平台

不管是独立的官方网站，还是第三方平台上的企业商铺，或者个人营销博客，如果不能持续更新内容，实时与到访用户沟通，就谈不上是营销型网站。因此，已经开展网络营销的朋友，要注意持续更新维护使用频率最高的网站。

5.1.2 营销型网站是你唯一最重视的平台

我们在网络营销实际的操作中，可能会同时使用多个平台，但哪一个才能算做是营销型网站呢？用逐一排除法，从实际效果、维护难易程度、使用便利性、客户评价等角度去评判，如果现在只能保留其中的一个平台，你会选择留下哪一个？

5.1.3 营销型网站是需用心投入的平台

有些朋友可能还没有真正开始网络营销，当你经过调研分析，确定要投入时间或资金去使用某个平台作为网络营销的开端时，这个平台就是你的营销型网站。

5.2 营销型网站运营指南

搜索引擎是网站流量的重要来源，根据前面我们讲的搜索引擎工作原理，营销型网站搜索引擎优化主要包括以下几点。

5.2.1 每个页面要独立meta标签

如果不了解 meta 标签，可参看本书“常见网络营销术语”章节，meta 标签所设置的网页描述、关键词等虽然网页前台看不到，但这是搜索引擎读取和了解每一个网页的重要途径。现实生活中，我们会把同一批次生产的产品归为一类，因为这些产品的材料、工艺、规格、用途、颜色等属性一模一样。同样，搜索引擎会把同一个网站上 meta 标签完全一样的网页认为是内容大致相同的网页，既然内容大致相同也就没有什么价值。因此我们看到很多企业网站，搜索引擎只收录了 1 个页面就再也不收录其他页面了，主要就是因为网站的 meta 标签都一样。因此，营销型网站应该针对每一个页面的内容，设置独立的网页标题、网页描述、网页关键字等，以便搜索引擎判断出每一个页面的不同价值，进行收录和排名，获取更多的流量。

搜索引擎有复杂的算法机制来监测，这里应该避免陷入另一个误区，那就是过度优化，我们在掌握基本的搜索引擎原理后，不能为了获得收录和排名，胡乱堆砌关键词，编造网页描述，这是不可取的，会遭到搜索引擎惩罚。

5.2.2 网站结构要扁平化

与大型的门户网站、电商平台有专业的内容编辑人员相比，企业网站大多不设置专职编辑，因此每天新增的原创内容、高价值内容很少。并且，搜索引擎不会把企业网站当做重要的网站去重点关注，可能不会去深入分析你所有的栏目。我们模拟搜索引擎到网站抓取某一条产品页面为例：山东 A 纺织有限公司、山东 B 纺织有限公司网站上都有完全相同的一款产品叫纯棉卡其布。

山东 A 纺织有限公司的网站，搜索引擎需要过的路径为：

网站首页 - 产品供应 - 纯棉卡其布

山东 B 纺织有限公司的网站，搜索引擎需要过的路径为：

网站首页 - 供应采购 - 产品供应 - 坯布产品 - 纯纺布 - 纯棉布 - 纯棉卡其布

虽然从实际的分类来说，B 公司的这个栏目分类是合理的，但按照上面的目录结构，搜索引擎抓取 A 公司的这款产品只需要 3 步，抓取 B 公司的产品，却需要 7 步。那么用户很可能搜索引擎到第四步时，已经厌倦了，就停止继续往下走。这就是很多公司的网站虽然每一页也都设置了关键词等信息，但收录仍然很少或者收录缓慢的主要原因。

5.2.3 文件目录结构优化

网站上每一个页面实际上都是在服务器上存放的文件，这就类似于我们在自己电脑上存放的文件一样。放在电脑桌面的东西我们很容易就找到，而放在电脑上其他文件夹里面内容，时间长了，我们要用时却不容易找到。同样的道理，我们网站上的页面，也不能存放得太深：还是以山东 A 纺织有限公司、山东 B 纺织有限公司网站上都有完全相同的一款产品叫纯棉卡其布为例：

山东 A 纺织有限公司的网站，纯棉卡其布的网址路径为：

www.XXX.com/ product/chunmiankaqibu.html

山东 B 纺织有限公司的网站，纯棉卡其布的网址路径为：

www.XXX.com/sell/ product/pibu/chunfang/chunmian/kaqibu.html

很明显，A 公司把产品页面存放在二级目录下，B 公司把产品存放在 n 多级目录下，A 公司的短网址更容易访问到。

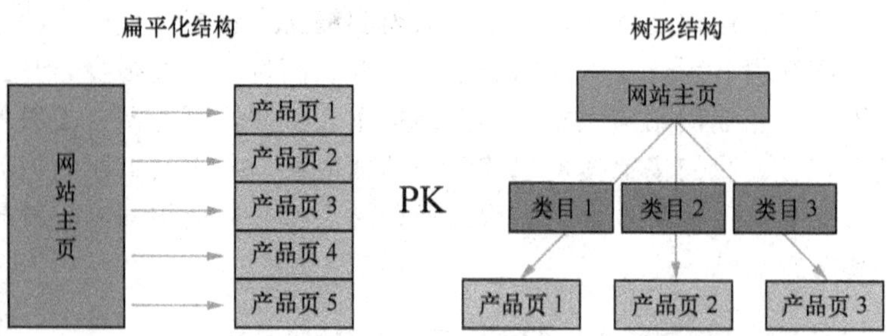

除了网站文件目录结构，网站目录和文件的命名也要根据搜索引擎优化原则设立，便于搜索引擎快速识别。如尽可能不用中文命名、不使用特殊符号、尽可能不随机生成等。

5.2.4 导航用带链接文字

导航就是引导客户找到最终内容页面的需要经过的页面，举两个例子。

山东 A 纺织有限公司网站上有一款产品“纯棉卡其布”，有一篇资讯“我公司举行第八届产品知识抢答赛”。

不管是搜索引擎还是用户要找到上面这两个信息页面，路径为：

网站首页 - 产品供应 - 纯棉卡其布

网站首页 - 公司新闻 - 我公司举行第八届产品知识抢答赛

在这两个路径中，用户经过网站首页，然后访问到产品供应和公司新闻，最后到了最终要访问的页面。这时，网站首页、产品供应、公司新闻就属于导航。营销型网站应该把这几个词都加上对应的链接，以便用户或搜索引擎可以返回。如看完“我公司举行第八届产品知识抢答赛”这篇文章，还需要看另外一篇文章，就只需要返回到公司新闻这个页面，就可以找。

如果用户想返回到网站首页，直接点链接就可以，而不需要重新输入网址或再搜索一次。那么为什么说要用文字呢？实际上有很多网站是用图片来展示分类的，这个对用户来说没有什么大问题，但搜索引擎目前还不能识别图片传达的信息，如果你网站所有的导航都用图片，搜索引擎分析不出导航的逻辑分类。

5.2.5 全站突出核心关键词

一个企业网站应该有 3 个左右核心的关键词，营销型网站的核心关键词大多与公司主要产品有关。因此对核心关键词，必须在全站集中推荐给搜索引擎，主要途径就是增加关键词内链提升关键词排名。

首先，要在网站首页的 meta 标签中加入核心关键词，因为对于大部分企业网站来说，首页是最为重要的页面。其次，在网站的其他所有页面，要在正文中（即用户能看到的内容）都尽可能融入核心关键词，并且这些核心关键词全部链接到网站首页。

5.2.6 主动推送网页给搜索引擎

目前网络上每天产生海量内容，百度为了让更多的优质内容能第一时间展现给搜索用户，除了提升自身的处理技术外，已经开放了网站主动提交内容的途径，这个途径就是百度站长平台，目前百度站长平台提供4种网页提交方式：

主动推送：最为快速的提交方式，推荐您将站点当天新增加的链接立即通过此方式推送给百度，以保证新链接可以及时被百度收录。

自动推送：最为便捷的提交方式，请将自动推送的JS代码部署在站点的每一个页面源代码中，部署代码的页面在每次被浏览时，链接会被自动推送给百度。这种方式可以与主动推送配合使用。

sitemap：您可以定期将网站链接放到sitemap中，然后将sitemap提交给百度。百度会周期性的抓取检查您提交的sitemap，对其中的链接进行处理，但收录速度慢于主动推送。

手动提交：一次性提交链接给百度，可以使用此种方式。

需要说明的是，企业负责人和企业的网站管理人员，不一定需要知道具体怎么操作，只需要告诉为你建网站的公司，你要达到这样的效果就行。

5.2.7 其他优化相关的功能

营销型网站实际上要注意的细节很多，但随着搜索引擎的不断发展，越来越关注网页的实际内容的价值，因此友情链接、外链数量等曾经作为搜索引擎重点参考的指标对网页权重的影响逐渐减弱，因此不再一一细述。

分享功能：营销型网站应该在每一页都增加分享代码，方便网站管理人员和用户访问，分享传播感兴趣的内容，这样能迅速增加大规模的外链，分享同时也是传播推广网站的重要工具。

网址静态化：前几年，动态页不利于蜘蛛抓取，增加了蜘蛛抓取的复杂性。静态页网址便于蜘蛛快速抓取网站信息，所以搜索引擎更喜欢静态页的营销型网站，能够进行快速收录，但现在搜索引擎技术提高了，动态还是静态对搜索引擎的影响也不大了。

图片描述：搜索引擎是无法识别图片的，因此在必须要使用图片的地方，也需要对图片进行对应的文字说明，告诉搜索引擎这张图片对应的含义。技术上就是利用ALT标签进行图片描述，把鼠标放在图片上就会展示出来。

友情链接：高质量的友情链接对于优化仍然有一定的作用，营销型网站要在后台方便地添加和管理网站的友情链接。

5.3 营销型网站订单转化

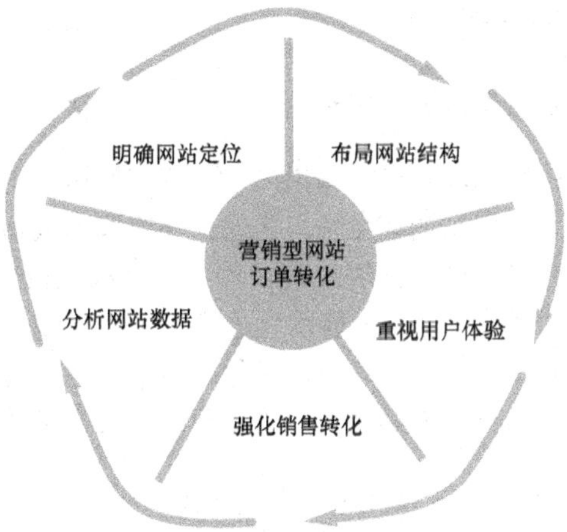

营销型网站订单转化

5.3.1 明确网站定位

直白地说，网站定位就是：网站是干什么用的。早期的网站建设就是定位为广告牌，用于发布信息。营销型网站的定位是基于某一特定的目标而来的，市场人员的网站可能是用于品牌打造，人资部门的人员网站可能是用于招聘，招商业务的网站是用于招募合作伙伴，销售业务的网站是用于卖出产品。因此，营销型网站打造的第一步就是明确网站定位，不同的定位针对的用户群不同、网站结构和内容规划也不一样。

5.3.2 布局网站结构

首先罗列出网站实现目标所需要组织的内容，然后设想用户希望看到什么内容，最后希望用户产生什么动作，是进行业务咨询，还是直接收藏网站等。从人的网络浏览习惯来说，把网站每一页的内容布局都成 F 型或 E 型是比较常见的。即打开网页后，都是习惯于从左到右、从上到下的浏览。这就要求我们把最希望用户关注的内容布局在页面左上侧，把引导用户继续了解或者购买的内容放在左侧（大部分情况下用户鼠标也都停在左侧，把购买下单按钮设计到左侧，用户使用会更方便）。

另外要特别注意网站结构要简单清晰，保证客户点击一两下鼠标就可以找到需要的信息，结构混乱的网页容易让浏览的潜在客户无从下手查询信息，如果找不到需要的信息，用户将离开你的网站。

5.3.3 重视用户体验

良好用户体验的要求就是舒服，包括浏览顺畅和感官愉悦。

浏览顺畅要求网站打开速度要快，如果网站打开速度慢，用户可能没有耐心等待而离开网站。所以，网站的速度快，是保证网络营销成功的第一步，有人曾用“8 秒定理”来形容网站访问速度的快慢，即 8 秒以内能完全打开的网页，用户体验基本上不会受到影响，8 秒以后才能打开的网站，用户体验就开始下降了。如果网站打开速度过慢，要及时找你的网站服务商沟通，看看是他们的服务器问题，还是你网页的内容太大，比如动画加载、图片加载太多。

感官愉悦要求你的网站在色调搭配、视觉冲击力等方面要符合大部分用户的审美习惯，切忌凭借自己的主观感受确定网站视觉表现，因为网站是为客户服务，而不是为你服务。所以你是否喜欢不是最重要的，用户喜欢才是王道。因此在网站美工设计上，要以专业的网络营销设计人员思路为主，不要做过多的干扰。

5.3.4 强化销售转化

营销型网站不只是要展示出商品，还要具备把商品销售出去的能力。不管是销售具体的实物产品，还是销售无形的服务，营销型网站除了要传递产品的基本属性信息外，还要能够吸引客户的注意力，通过独特的卖点打动客户，最终让客户选择下单或者联系合作。

通常来说，具有销售力的商铺展示页应该包括以下内容。

- **产品基本属性**：产品基本属性包括产品名称、材质构成、尺寸、颜色、包装等。
- **产品的优点**：产品的优点即这个产品的相对优势或者比较优势，也就是每一条产品信息都要突出亮点：例如“一天一度电的空调”。
- **带给客户的利益**：我们在销售产品时，告之客户产品的优点优势很重要，但更为重要的是要让客户明白这与他有什么关系，否则客户会说，你好不好管我什么事？因此要明确地告诉用户，产品能解决他的什么问题，能给他带来什么好处。

- **描述真实性证明**：对于每一个产品，我们都需要证明所有的描述都是真实的，以便取得用户的信任。具体可以通过产品报告、成功案例、用户好评、全景演示、相关证明文件等来证明。

- **鼓励客户行动**：当用户了解完我们所有的产品信息后，还应该进一步引导购买行为，让客户立刻去行动。比如“现在联系有额外优惠”“立即下单有好礼”“免费咨询更多”等。

5.3.5 分析网站数据

1. SEO 分析

通过站长工具可以快速查询网站的收录量、外链、友情链接、关键词库、关键字排名、关键词密度、网页相似度、网站排名、PR 等数据，通过监测记录这些数据的动态变化，能够分析诊断网站的优化情况，做得好的继续坚持，需要改进的及时调整。同时，SEO 分析工具也可以用来分析竞争对手的网站，取其精华，去其糟粕。

2. 访客数据分析

只需要在网站页面嵌入流量统计工具，就可以在统计后台查看网站流量来源、访客区域、用户访问高峰低谷时段、受访页面排名、访客来源关键字、什么页面咨询率高、什么页面跳出流失高、什么页面浏览高、新老访客比例等众多数据。

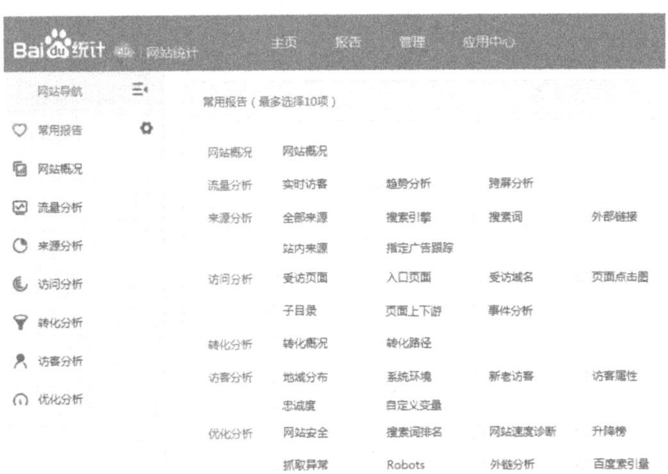

访客数据分析安全案例

3. 转化数据分析

对咨询量进行记录、统计和分析，也能发现很多规律，可以将咨询进行客户分类，重点客户、优质客户、普通和边缘客户等，有利于提升工作效率。

对传播推广数据、网站访问数据和咨询转化数据的结合分析，能对网络营销整体的策略进行验证和调整提升。

数据还可以进行预期和分解，这都是进行 KPI 绩效考核的基础，能借助数据来打造一个高执行力的网络营销运营团队。

重视并用好数据监测统计分析，是提高网络营销效率、优化网络营销效果的重要一环。毫不夸张地说，数据分析是网络营销的支点，利用好能产生巨大的能量。在初步分析数据后，把工作中心转移到改进网站客户体验、提升网站销售力方面来，结合推广带来的大量目标客户，网站的转化率会得到大幅提升，从而以很小的投入和改进获得很大的收获。

第 6 章
电商平台，推广优选

传统行业网络营销的切入点有多种，但是利用各种电商平台发布供求信息是最常见的方式。本章我们探讨企业运用电商平台开展网络营销的相关问题。

6.1 电商平台的类型

百度百科的定义，电商平台是指提供企业对企业间电子商务活动平台的网站。在本书中，我们将电商平台直接理解为类似于阿里巴巴、慧聪网等的网站，市场供应商和采购商能在这些网站上进行商机发布、询盘沟通、订单支付等操作。按这一定义，目前国内这类网站可能多达上万个，我们按网站涉足的行业范围将这些网站分为三种类型：综合性电商平台，行业性电商平台，细分性电商平台。另外一种分类方式，是按照电商平台自身的盈利模式，分为信息展示型网站、商务撮合型网站、在线交易型网站三类，这三种模式有些业内也称作电商平台的 1.0、2.0、3.0 时代。

6.1.1 信息展示型网站

信息展示型网站通过提供免费来吸引流量、吸引用户使用网站，企业可以免费发布各类供应、求购、行情、资讯、知识分享、企业名录等。随着流量的不断增加，通过吸引用户点击广告，或者联系商家购买宣传广告位以及收取会员费来获得盈利。2008 年之前上线的电商平台大都属于信息展示型网站。信息展示型网站的价值主要就是信息的展示。

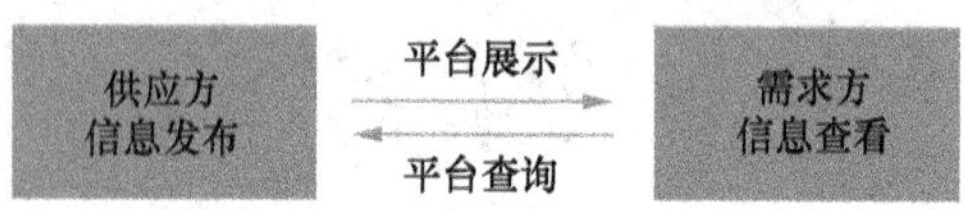

信息展示型网站核心逻辑

展示型网站仅仅作为信息传播的媒介，对于供方来说，主要追求的就是如何让发布的信息获得更多的展示和曝光，让更多的潜在用户看到。这一需求也是展示型网站的盈利来源，几乎所有的展示型网站都基于给供方提供广告展示、信息排名等收费服务。

6.1.2 商务撮合型网站

商务撮合型网站重点在于替采购商找到质优价廉的商品或服务，供应商找到精准的需求方，主要目标是给买卖双方做供求匹配服务，以双方的实际成交获得收入为主，一般是收取供货方的销售额佣金或者采购方的委托费用。

某撮合型网站采购模块截图

上图中每一笔采购需求，网站都有交易员负责对接。对于供应商来说，要想办法成为撮合型网站的核心用户，要多和网站的服务人员沟通交流，必要时可以加入网站重点供应商库（收费），让交易员有采购需求时能第一时间向自己询价，促成合作。

6.1.3 在线交易型网站

在线交易型网站追求采购行为通过平台进行，最核心的表现就是采购商支付的款项需要部分或全部通过网站的账户转结，实际表现为诚信保证金、平台担保交易、供求双方各自与网站结算等形式，交易型网站增加了物流、银行等参与方这类平台的盈利途径包括佣金、供应链金融杠杆、周转资金理财等。大部分这类平台在 2014 年后才逐渐火热起来。

需要说明的是，电商平台的类型并不是保持固定不变的，同一个网站也会根据实际运行情况，在不同时期变换盈利模式。

6.2 电商平台的作用

网络的便利及延伸性使企业扩大了活动范围，企业发展跨地区跨国界更方便，成本更低廉。传统渠道企业间的交易，不管是销售端还是采购端，往往都要耗费大量成本。B2B 减少了企业间交易的许多事务性流程和管理费用，降低了企业经营成本。从建立最初印象，到货比三家、讨价还价，再到签单和交货，最后到售后服务，通过 B2B 的交易方式买卖双方能够在网上完成整个业务流程。

6.2.1 降低采购成本

企业通过与供应商建立企业间电子商务，实现网上采购，可以减少双方为进行交易投入的人力、物力和财力成本。另外，采购方企业可以通过整合企业内部的采购体系，统一向供应商采购，实现集中采购获取折扣。如锦桥易纱网将国内的中小用纱企业需求集中起来，统一进行采购配送，通过集中采购大大节省了采购成本。

6.2.2 降低库存成本

企业通过与上游的供应商和下游的顾客建立企业间电子商务系统，实现以销定产，以产定供，实现物流的高效运转和统一，最大限度控制库存。如新疆某纺纱厂通过入驻锦桥易纱网供应商平台，通过网上定货，实现企业业务流程的高效运转，大大降低库存成本。

6.2.3 缩短周转周期

B2B 平台通过将供应商和采购商统一集中到电子商务平台，实现供应商与采购商直接沟通和交易，通过系统的订单状态提醒，供求双方都能实时掌握货物的生产、运输、交付情况。如下游可以根据原材料的到货日期，提前准备生产线，上游也不一定需要等到所有货品生产完毕才发货，可以分批次发货。供求双方都减少仓储成本，还有利于货物周转。

6.2.4 扩大市场机会

企业通过与潜在的客户建立网上商务关系，可以拓展原来难以通过传统渠道覆盖的市场，增加企业的市场机会。如很多年轻的贸易型公司通过网上直销，几乎 100% 的客户都通过网络结识，大大降低了双方的交易费用，增加了中小企业客户网上采购的动力。

6.3 如何选择电商平台

6.3.1 参考同行的经验

我们每个人都会认识一些同行，只需要问问他们经常用哪些网站，让他们给你推荐几个网站，并对这些网站进行简单评价。你接连问十个朋友，如果有其中几个网站他们提到的频率较高，那么这几个网站通常值得关注。记住，一定要多问几个人。并且这些人要有分类，包含你最好的伙伴，因为他会站在你的角度为你考虑，也要包含普通的同行，因为他们的产品和你的具有相似性，他们常用的网站必定有一定价值。

6.3.2 通过关键词搜索

以你的行业名称为关键词在百度搜索，罗列出排在前 5 页的网站（竞价排名的除外）。比如，你是纺织行业，就搜纺织、纺织网、纺织网站；你是化工行业，就搜化工、化工网、化工网站；你是钢铁行业，就搜钢铁、钢铁网、钢铁网站。其他行业以此类推。当然你还可以再细分一点，以产品大类别搜索。比如：坯布、棉花、化肥等，会搜到更为专业的网站。

6.3.3 通过商务网址导航查找

网址导航就是一个收集很多网站的网址，并按照一定规则进行分类的一种网站。网址导航方便用户快速找到自己需要的网站，不用去记住各类网站的网址，就可以直接进到所需的网站。比较全面的商务网址导航站有：托比网、B2B 企业搜、龙之向导、电商平台大全、地球网、电商平台大全。基本上比较常用的电商平台都收录在里面了。

6.3.4 通过行业展会寻找

对于喜欢眼见为实的朋友，还可以在参加行业展会时留意，大多数展会都会有电商平台参与。这些电商平台可以在展会方的媒体支持里找到，也可以在展会方发布的参展商目录上找到，比较有实力的电商平台还会有参展展位。

6.4 怎样评估电商平台实力

作为商务人员，面对成千上万的电商平台，我们选择一个平台的唯一标准就是看这个平台是否合适。但怎样才算合适呢？我们根据不同的网站类型给出相应的参考办法。

6.4.1 看网站数据

网站数据主要是通过第三方统计工具来查看。比如：alexa’查询、站长之家、爱站网。我们可以打开这几个网站，只需在分析框中输入想要查看的网址，就可以看到这些网站的数据。对于我们选择平台来说，主要参考以下这些数据。

- 网站的PR值：PR值全称为PageRank（网页级别），用来表现网页等级的一个标准，级别一般分别是0到10，是Google用于评测一个网页“重要性”的一种方法。比较不错的综合性电商平台PR值至少应该要大于5。
- 网站在主流搜索引擎中收录数量。
- 网站排名。
- 网站流量。

例如：我们通过爱站网，查询的阿里巴巴的相关数据截图。

seo信息	PR 7　百度权重 8　移动权重 7　网站历史　来路曲线　首页位置 1　外链 5095
	百度索引量:193,850,000　预计来路：534285 ~ 857897 IP　出站链接：8个首页内链：140个

搜索引擎	百度	谷歌	360搜索	搜狗
收录数量	4,940,000	1,380,000	100,000,000	203,342,869
反向链接	1,540,000	-	100,000,000	799

阿里巴巴数据截图

从以上几点能够大致看出一个网站的基本情况。基本上PR值越高、收录数量越多、综合排名越靠前，网站流量越大的平台实际价值会更高。

这里要明确的是由于这些工具的统计方法、渠道、更新时间等不一样，任何工具查询出的数据都不能完全反映网站的真实数据，网站的某些真实数据属于商业机密，没有权限是看不到的。同时我们在对比几个网站数据时，一定要记住必须是用同一工具在同一天时间查出来的数据来对比，也就是说“站长之家”上查出来的数据和“爱站网”查出的数据无可比性，上个月查出的数据和这个月查出的数据也没可比性。

6.4.2 看媒体宣传

对于大型的 B2B 平台，不管是在国内还是国外都会有大量的媒体进行报道和传播，这些报道可能是针对 B2B 平台的方方面面，我们可以从这一点分析对于那些被曝光的 B2B 平台的推广模式、发展趋势以及规模实力，在我们对每一个电商平台选择的时候可以作为重点关注分析网站。

6.4.3 分析网站供应商

一个网站的供应商情况也代表了一个网站的实在价值，包括网站供应商的分布、数量、活跃程度等，可以分析供应商在该网站的推广和使用情况，看看供应商是否是经常使用该网站。有时候经常看见一个电商平台上面供应商很多，但是产品很少更新，那么我们就要考虑该网站是否是用软件采集的企业信息，很多电商平台表现出来的都是一个表面情况，如果不仔细分析很容易被表象误导。

6.4.4 分析网站询盘量

这一点其实往往是大家最关心的问题，我们选择任何网站进行网络营销操作都会思考该网站是否能给我们带来询盘量，能带来多少询盘量，有多少询盘能转化为订单。

询盘在网站上一般是以采购信息、询价信息的形式发布出来，我们可以通过网站自行查询相关信息，或者要求网站提供近两年网站上采购的数量、提供与自己产品相关的采购信息数量等。

6.4.5 了解网站口碑

我们打算选择某个 B2B 平台的时候，可以问问同行的朋友，或者是其他熟悉网络营销的朋友，让他们给一些意见。另外，互联网本身就是一个开放的平台，可以通过百度知道、百度贴吧等查看其他人对该网站的评价，也可以加入行业 QQ 群、微信群等和更多的人交流，了解网站口碑。

6.5 电商平台的应用

电商平台的用户群一般有免费用户和收费用户两类。免费用户通常在网站上注册时填写公司名称、地址、企业简介等基本信息即可，规范一些的网站可能还会要求验证手机号、提交营业执照等核实真实性的操作。网站的免费用户一般都可以发布产品、供应、招商等信息，并浏览其他用户发布的供应信息。但是如果想获取供求信息发布人的具体联系方式，直接与之接洽，多半就会有限制了，网站可能要求用户名登录或者要求成为收费用户。

对于大部分电商平台我们免费使用就可以，只需要把它作为纯粹发广告的地方，目的就是让用户能找到我们就行。但是对于反馈较好的平台，如果确实有很丰富的采购资源，又有完善的售后服务，就可以考虑成为该网站的付费会员。通常电商平台的会员费按年收取，中小型网站年费几百元，规模大些的电商平台收费通常上千甚至数万元不等。需要说明的是，由于 B2B 采购行为的特殊性，大部分电商平台都不能保证成为付费会员就一定能产生好的效果。因此，是否要付费做会员，需要谨慎决策。不妨先免费用一段时间，并尝试多联系网站的客服人员，如果真的有不少客户通过该网站渠道找上门来，并且客服人员服务也专业，说明这个网站确实有一定影响力，此时再考虑做付费会员不迟。

既然大部分电商平台发布信息是免费的，那么多多益善，把找到的所有电商平台都去发一遍。注意把发过供求信息的网站，最好做成一个 word 文档或 excel 表格，记录好对应的用户名和密码，便于以后信息更新和管理维护。有时候这些网站会主动匹配一些对你感兴趣的客户资料并发给你，这些匹配的信息的多少，是衡量一个电商平台使用价值的重要依据。

当然，考虑到要保证信息的时效性，很多电商平台在发布信息页面都规定了信息的有效期，过期则不会再显示出来，甚至自动下架或直接删除。因此要每隔一段时间要记录对应的信息的访问量、留言次数、回复次数等综合评估一下，挑选那些价值高的电商平台进一步维护，及时更新和重新发布你的信息。有些规模较大的电商平台，会免费提供给你一个企业网上商铺，用于详细介绍你的公司和产品。不要浪费它，花些精力去完善内容并进行美化，不要小看这些免费网页，它们会在网上扩散传播。一些新建立的电商平台，为了迅速扩大规模和影响力，会从其他网站“抄”资料——包括你的供求信息。在互联网虚拟世界中信息的传播几乎是病毒式的，当你辛苦坚持在各个 B2B 贸易网站发布信息一段时间以后，你会惊喜地发现，很多你从未访问的平台，也出现了你的广告信息。

在使用电商平台的过程中，如果觉得某个网站确实很有用处，带来了不少客户，或者你的同行在这个网站上有成功的先例，就可以考虑做付费会员了。知名网站会给付费会员提供很多增值服务项目，比如帮助你建立独立的企业官网，帮你集中发布广告，把你的公司和产品介绍添加到他们印刷的精美广告杂志中分发给下游客户，或者在各个专业性的展会与博览会中散发等。这些无疑都会增加你寻找客户的成功率。

登录并维护电商平台的信息，是网络营销人员最基本的工作之一。但是也不要急功近利，抱过高的期望值。希望今天在一个网站上发布了消息，明天就有客户主动找上门来，这是不现实的，毕竟只是广告，客户不一定能看到，看到了也不一定马上下决心，更何况还有很多竞争者，客户也不一定会选择你。

6.5.1 主次分明及时维护

现阶段，只有少部分企业的主要销售渠道是网络营销，大部分企业还是以传统营销为主，网络营销为必要补充。在大多数情况下，销售员或者企业老板只有少量精力用在网络营销上面。因此要想每一个平台都及时维护更新基本上是不可能的，我们需要做些调整。

抓“大”放“小”。为保证信息能够遍地开花，被更多的潜在客户看到，我们建议企业尽可能多地把信息发布到更多平台上。但并不提倡每一个发布产品的平台都去同等维护。因为不是每个平台都值得花时间那么做。我们可以按照前面所讲的评估方法，选择部分网站出来（一般一个人用 30 个平台就够了），然后分层次去维护就行。

我们选择好 30 家左右网站维护，实际上任务量依然很大，还需要再把时间和精力进行主次分配，以确保在有限时间内那些主要网站上的信息能及时的维护。

6.5.2 用户名、密码管理

同时使用多个电商平台，经常会碰到用户名密码容易忘记或混淆的情况，这时可以对所有网站使用相同的账号和密码注册，这样可以解决记忆多个账号资料的烦恼。但是，这样做毕竟不安全，尤其是有些电商平台涉及交易。一旦其中某个网站泄露账号，所有的账号都不安全。所以也可以按平台类型简单分类，相同类型平台使用相同账号。比如：所有综合网站使用同一个用户名，所有电商平台使用同一个用户名，南方网站使用同一个用户名，北方网站使用同一个用户名等。

另外一种更为实用的办法是建立账号管理数据库。因为使用固定账号办法都只能是注册少数网站时可以用。但当我们注册了几十个、几百个网站时，容易忘记的不止是登录账号，甚至连注册了哪些网站恐怕都记不完整了。这时我们就需要建立个数据备份。这个备份可以是简单的记录在工作薄上，或者在电脑上做一个表格，如下图。

	A	B	C	D
1	网站名称	登录账号	密码	备注
2	阿里巴巴	Mrluo2017	******	已付费
3	中国供应商	ourtex	******	
4	...	...	...	
5	找钢网	jvli007	******	交易撮合
6	锦桥纺织网	186697***	******	重点关注

数据备份表格

第 7 章
微信营销，塑造品牌

7.1 公众号定位

运营微信公众号看似简单，其实里面大有学问，好与不好的差别非常大。有的企业辛苦运营了几个月，粉丝寥寥，基本上没有产生任何价值；有的企业在短短几个月内聚集几万、几十万粉丝，给企业带来了非常大的收益；有的企业虽然只有很少的公众号粉丝，但足以满足自己的营销目的和需求，也有一些公众号粉丝上百万，但对企业没有产生任何价值。

要想将公众号用好，用出效果，难点不在基本操作，而在于思路和方法。那企业如何才能将公众号运营好呢？首先是要进行公众号的定位。

公众号的定位是微信公众号建设的基础，也是一个微信公众平台展示给外界的形象。可能有朋友会问，在没有做公众号之前，公司已经在做某个品牌与产品、或者服务，公司早就有定位了，直接把现有的产品与服务搬上去就好了，还有必要再对公众号做定位吗？有这种疑问的朋友，需要了解微信公众号的定位与公司品牌或产品定位的不同之处，公司品牌或产品定位主要是基于营销的视觉来思考问题，侧重于从市场、价格、形象、地理、人群、渠道等方面在潜在消费者心中塑造独特认知，占领一个有利的位置。而公众号的定位必须遵从公众号的自媒体属性，除了营销目标定位外，还要重点明确公众号角色定位、公众号受众定位、公众号内容定位、公众号竞争定位。简单来说，公众号不是企业官网，而是公司一个自媒体的平台，不是卖产品和展示品牌就 OK 了，更多的是做内容与做服务。

7.1.1 目标定位：明晰思路，理性分析

在打算建立公众号之前要回答这些问题：我们为什么要创建和运营企业公众号？运营企业公众号我们的最终目的是什么？是扩大企业品牌的宣传度，还是产品销售？能不能确定数据化的指标？行业案例有没有，尤其是跟自己业务有关的行业案例有没有？这些行业案例的特点是什么？要做好 SWOT 分析。目标的设置要根据企业的实际需求以及用户的特点来定，根据不同的需求，可以同时设定多个不同的目标。

公众号目标定位是公众号定位的首要内容，也是公众号运营的指导方针，所以公众号的目标定位是重点也是难点，不能凭空设想，也不能拍脑门决定，一般通过问答式的列表逐步理顺思路：它有什么用？是用来增加新用户还是用来维护老用户？作为运营的前期，可采用服务老客户、品牌的推广宣传为主，开拓

新客户、产品销售为辅的策略。

7.1.2 受众定位：精确粉丝，宁缺毋滥

公众号所有目标都是依托“受众”来实现的。不管你想达成什么样的目标，都必须要明白你面对什么样的用户群，通过公众号能给他们提供什么价值，目标受众的年龄、收入、职业、地区、经常在什么地方出现……也就是要有目标用户画像。年龄层次、职业特性、收入水平、地域分布、行业分布、兴趣爱好等。从而依据他们的兴趣爱好与圈子来定位你公众号的内容。现在公众号数量众多，只有做出特色才有机会，推崇精而专，切忌泛而杂。

另外，对于微信公众号而言，虽然粉丝数量的增加是必须的，但并不是最终目标，不能盲目地追求粉丝量，一定要精准有效。首先，粉丝是可以花钱“买”的，买来的“僵尸粉”对企业而言完全没有作用，只是一个数字而已。其次，并不是所有的产品都有庞大的用户群，以 B2B 产品为例，相对于大众消费品动辄千万级别的目标群体而言，B2B 产品的目标客户主要是机构客户，相对来说是个很小的群体，如果不是目标用户群，即便培养了一个拥有很多真实粉丝的大号，意义也不大。曾经就有工业品企业花费 3 万余元，通过微信公众号做了一次行业的投票选美大赛，只要关注公众号投票就有机会拿 1 ～ 1000 元不等的奖品，一次就增粉 50 000。除了满足虚荣心外，别无他用。

因此，企业公众号的粉丝一定要跟受众定位相符，精确粉丝，逐步发展，宁缺毋滥。

7.1.3 竞争定位：要么第一，要么唯一

目前微信公众号已有 1000 多万个，不管我们如何在受众上、功能上、内容上去定位自己的公众号，总会有其他公众号的定位与你的公众号定位是相同的或相似的。这一方面有利于我们学习借鉴，另一方面也使我们获取用户变得相对困难。为什么这么说呢，这里列举两个例子，今年过节不收礼，收礼就收什么？我国第一个上太空的宇航员是谁？相信大部分人都能脱口而出：脑白金、杨利伟。至于其他与脑白金相似的产品还有什么，国内第二批、第三批上太空的宇航员是谁，能准确说出来的人就少多了。为什么呢？其实这个很简单，就是他们早就占据了这个领域事物认知的“心智”。通俗来说，这就是“第一观念、唯一观念”先入为主了。

那怎么才能在竞争环境中找到制胜之道呢？这就是公众号竞争定位要解决的问题。需要分析现有的竞争环境，看看我们还可以做什么，还有哪些空白点，将

市场进一步细分，寻找未被人重视或者竞争对手还未来得及占领的市场来寻求突破。从某种意义上来说，公众号竞争定位的过程就是一种找空位的过程。比如你是经营塑料的，在这方面商品定位时，由于塑料这个商品用途广泛，厂商自然很多，竞争会比较激烈，不妨可以从“特性”“用途”“工艺”等方面在细分，比如定位“工程塑料”“工程塑料”“变色塑料”等。总之就是要通过细分，塑造出在某个小范围“要么第一，要么唯一”的领先优势，特别是在竞争白热化的红海领域，这是一个既能避开锋芒又能出奇制胜的法则。

7.1.4 功能定位：强化印象，塑造形象

微信公众号的功能定位，主要是基于用户的角度来考虑的，也就是公众号将会给用户一个什么印象和关注理由，然后持久地强化这一印象，逐步塑造公众号在用户心目中的形象。通常来说，公众号的功能有如下几类：

- 工具类：提供行业上下游常用的工具，如产品价格测算工具、产品用料测算工具、生产成本测算工具、行业单位换算工具、行业标准查询工具、产品属性查询工具等。
- 学习类：提供目标用户从业所需知识技能，如行业基础理论、产品工艺流程、产品用途介绍、产品用料种类及特征、产品品质鉴定方法、产品成本及价格核算方法等。
- 媒体类：传播行业资讯、行业新闻，如行业会议、大企业动态、行情动态等。
- 行情类：提供行情动态播报，如行业产品现货期货价格走势、行业产品成交量动态、行业产品产量动态、产品库存等。
- 娱乐类：就是以娱乐的手法来传播相关的内容，如以调侃的语气评价行业事件、以幽默的形式发布行业动态、以八卦的形式传递行业知识等。需要特别注意的是，B2B企业公众号所谓的娱乐，只是风格和形式的娱乐性，但内容实质是还是要与行业有关的。
- 兴趣类：这种定位的公众号属于比较小众的类型，用户来到这个公众号的目的，主要就是找到知音，找到一个兴趣交流之处。比如生产机器设备的企业，可以开通技术探讨、工艺探讨、节能探讨等相关话题的公众号。
- 鸡汤类：这类文章，通常是比较积极上进的，或者有思考意义的，能给人启迪，或者发人深省，或者暖心。这类文章可以适用于任何人，稍作关键词改动，就与行业“相关”了。

当公众号的功能确定后，就需要思考如何去实现功能了。首先要确定的是做订阅号还是服务号，服务号每月只能群发 4 次，但可以做接口开发，订阅号每天就可以群发 1 次信息，但没有高级接口。如果功能的实现更多的依赖信息推送的话，选择订阅号，如果功能的实现更多需要调用外部应用的话，选择服务号。

7.1.5 内容定位：立足优势，量力而为

要评价分析一个公众号，只需要认真分析该公众号近一个月的内容，就能大致判断一个公众号做得好不好。因此公众号内容既是最终呈现给用户的“产品”，又是最终传递和实现公众号价值的“桥梁”，其重要性不言而喻。

公众号应该兼具营销属性和媒体属性，内容定位需要结合公司的实际需求、目标群体、功能定位以及行业属性等来规划，做与行业相关的资讯与服务。定位确定之后，推送的内容与活动一定要与公众号相匹配，内容要在定位范围之内，可以通过一月的后台数据分析，做内容的调整和优化。除非是多年的运营高手，不然在没有数据分析之前，要坚持既定的规则做内容，切忌只凭借编辑或者个人的主观感觉的确定内容。

另外很重要的一点是内容的选取，它是公众号运用中需要持久执行的工作之一，会涉及固定的投入，所以要提前根据企业内部资源来规划，公众号应该做什么内容？公司现有的人力实力能做什么？公司还可以投入什么资源来支持？怎样才能保证有持续稳定的内容输出？比如你就只有一个兼职的业务人员，却将公众号就定位为“比肩全行业最好的两个大号”，然而你并不知道人家大号背后有独立的内容采编团队，你注定是学不来的。再如你公司根本没有拍摄、剪辑与配音的相关的人员，却要求团队去做视频播报，也不现实。综合来说，还是考虑做企业最具优势又能持续生产的内容更为合适。

7.2 公众号建设

7.2.1 微信公众平台注册

1. 注册微信公众号需要以下资料

- 注册人身份证正反面扫描件。
- 一个邮箱账号（需要验证）。
- 营业执照注册号、对公账号及开户行、所在地。

- 填写运营者姓名、身份证号、手机号、短信验证及微信扫码验证。

注册流程：打开微信公众号注册页面 https://mp.weixin.qq.com/，点击右上侧“立即注册”。

2. 选择注册账号类型

目前公众号有订阅号、服务号、小程序、企业号 4 种账号类型。本书大部分读者注册订阅号或者服务号即可。订阅号可以每天都向用户群发次消息，如果您有专职的微信内容采编人员，打算以大量优质内容来吸引用户，选择订阅号。服务号每个月只能群发 4 次消息，但功能更多。如果你拥有技术开发人员，并且希望用户直接通过微信购买支付到您公司的账户，选择服务号，订阅号可以修改为服务号，但服务号不可以修改成为订阅号，所以一开始如果不能清晰区分二者，可以都选择订阅号。

3. 依次填写相关信息

- 在微信平台最前方，输入银行打款验证码。
- 填写手机验证或身份证名字验证。
- 填写公司组织机会代码证。
- 填写公司法人名称。
- 填写公司经营范围业务。
- 填写运营者名字，身份证号，手机，微信扫码验证。
- 填写公司座机。
- 填写运营者职位。

4. 备好需上传资料

- 上传营业执照。
- 上传运营者身份证正反面。
- 上传给公司组织机构代码证。
- 上传微信公众号认证表格并填写 ID。

- 微信支付300元后等待客服电话验证真实性。

客服主要问3件事：

- 公司注册地址。
- 公司法人是谁。
- 运营者的身份证号后4位。

5. 核实发票信息

最后，认证客服会告知运营人，微信账号属于公司，而非个人。

7.2.2 取好名称，快人一步

名字是公众号的第一印象，是品牌标签，好的名字能体现出公众号的价值、服务、内容、范围、行业等信息，让感兴趣的人快速关注。可以说一个好的名字会形成公众号的无形资产，对公众号具有至关重要的作用。

好的公众号名字，能让人印象深刻，容易记住。所以公众号名称不能太长，5个字以内最好，最长不要超过9字。另外，文绉绉、生僻的文字尽量少用，要简单常用的文字，最好是别人一听到就知道是哪几个字的，这样比较容易传播，最常见的取名方式有名称照搬法、功能取名法、形象取名法等。

名称照搬法就是直接以企业名称、品牌名称或者服务、产品名称作为微信公众号名称。这种名称可用于服务老用户、服务熟客很直观，但不利于发展和吸引新用户。除非你的公司、品牌、产品在行业内很有影响力，有足够搜索关注度和品牌认知度低，否则这种名称很难引起足够的关注。

功能取名法常用于以提供工具和标准服务为主的公众号名称，这种形式可以直接将公众号的用途和服务展现出来，让用户更了解公众号的功能。比如“去哪儿酒店助手”一看就知道是订酒店的。又如“每日汽车报价”一看就知道是提供汽车价格的。

形象取名法是将企业的形象化或者是服务产品形象化的一种手法，把具体的事物或者抽象的事物形象化，可以拟人、比喻等手法。比如“纱家帮”是提供纱线资讯、纱线供求行情的；“JD好货情报局”是提供京东购物潮流资讯的。

7.2.3 被添加自动回复

在微信公众平台设置被添加自动回复后，粉丝在关注您的公众号时，会自动发送您设置的文字 / 语言 / 图片 / 视频给粉丝，设置后可根据需要“修改”或“删除”回复。

设置方法：通过在微信公众平台⇒功能⇒被添加自动回复，可设置的文字 / 语言 / 图片 / 视频 / 地址为被添加自动回复内容。

被添加自动回复功能，主要用于和粉丝进行初次互动。目前内容相近的公众号越来越多，用户分配到各个公众号的时间就变得很少，这个时候被添加后的“自动回复”就变得更为重要，你可能只有这一次与用户互动的机会，如果不好好做实在是可惜。

如何设置自动回复的内容

通常来说，微信公众号自动回复可能包括以下内容。

- 介绍公众号内容：用简单的话告知用户你的公众号都有哪些内容。
- 引导用户行动：比如，引导用户查看历史内容、查看公众号菜单。
- 引导用户互动：比如，回复指定关键字有奖励、回复指定关键字快速了解信息等。
- 推送关键信息：提醒用户下载APP、访问公司网站、访问优惠活动页面等。

7.2.4 关键词自动回复

1. 关键词自动回复功能的介绍

在微信公众平台设置关键词自动回复，可以通过添加规则（规则名最多为60字数），订阅用户发送的消息内如果有您设置的关键字（关键字不超过30字数，可选择是否全匹配，如设置了全匹配，则必须关键字全部匹配才生效），即可把您设置在此规则名中回复的内容自动发送给订阅用户。

2. 关键字自动回复设置方法

登录微信公众平台⇒功能⇒自动回复⇒关键词自动回复⇒添加规则，即可添加相应的关键词自动回复信息。

温馨提示：

- 文字中可以输入网页链接地址，但不支持设置超链接。
- 关注用户发送消息命中设置关键字回复规则后会有5秒钟的响应时间。
- 规则名称自己设定（作为区分作用）。
- 关键字配置（作为粉丝发来命中的关键字）。
- 回复信息（命中关键字后自动回复的信息内容）。
- 勾选了“回复全部”，只要粉丝命中关键就会自动回复该规则内的所有回复；若未勾选，会随机回复。
- 建议在一个规则里设置一个关键字，以便粉丝获得想要的答案。

3. 关键字自动回复的规则

字数限制：微信公众平台认证与非认证用户的关键字自动回复设置规则上限为200条规则（每条规则名最多可设置60个汉字），每条规则内最多设置10条关键字（每条关键字最多可设置30个汉字）、5条回复（每条回复最多可设置300个汉字）。

规则设置：您可通过微信公众平台设置多个关键字，如订阅用户发送的信息中含有您设置的关键字，则系统会自己回复。

同一规则中可设置5条回复内容，如您设置了“回复全部”，粉丝发送信息中含有您设置的关键字，会将您设置的多条回复全部发送。若未设置“回复全部”，则会随机回复。

关键字设置：① 每个规则里可设置10个关键字，若设置了相同的关键字，但回复内容不同，系统会随机回复。② 每个规则里可设置5条回复内容，若设置了多个回复内容（没有设置“回复全部”），系统会随机回复。③ 多条回复设置方法：进入编辑者模式，点击关键词自动回复⇒添加规则⇒输入关键词匹配内容后，再添加内容，然后选择“回复全部”即可。④ 关键字在设置时使用回车来分隔，输入回车可添加多个关键字，每个关键字少于30个字符，请勿使用逗号（，）分号（；），顿号（、）句号（。）进行区分。

温馨提示：

- 关键词设置不支持使用空格和字符隔开，只能使用回车键添加多个关键字。

4. 完全匹配功能设置

- 若选择了全匹配，在编辑页面则会显示“已全匹配”

对方发送的内容与设置的关键字须完全一样，才会触发关键字回复，不能多一个字符也不能少一个字符。比如设置“123”，仅回复“123”才会触发关键字回复。

- 若没有选择全匹配的情况下，编辑页面则会显示“未全匹配

只要对方发送内容包含设置的完整关键词，就会触发关键字回复给对方。比如设置“123”，回复“1234”会触发，但回复不完整的关键字“12”则不会触发关键字回复。

5. 关键词回复类型及案例

- 告知用户关键信息，例如

回复 1，查看我司介绍

回复 2，查看今日特价

回复 3，查看存货清单

- 推荐热门内容，例如

回复 111，看文章“你所在的行业，这些人正在闷声赚大钱”。

回复 112，看文章“迅速拓展新客户的 15 个技巧”。

回复 113，看文章“这些道理搞不懂，你错过的不仅仅是一次机会”。

- 回复客户常见问题，例如

当客户回复“你好、在吗、hi，表情包、hello、您好”等打招呼词时，能给客户及时的回复联系电话、自助服务导航等内容。

当客户问到关于贵司或产品的常见问题，如“你们工厂在哪里？业务联系方式是？贵公司网址是？”这类比较常见的问题时，设置好标准内容，直接回复客户。

7.2.5 消息自动回复

在微信公众平台设置用户消息回复后，会在粉丝给您发送微信消息时，自动回复设置的文字 / 语言 / 图片 / 视频给粉丝。

设置方法：通过在微信公众平台⇒功能⇒自动回复⇒消息自动回复，可设置的文字 / 语言 / 图片 / 视频为用户消息回复。

温馨提示：

- 消息自动回复：1个小时内回复1～2条内容。
- 消息自动回复仅限于未设置关键词的回复。
- 消息自动回复只能设置1条信息回复。

7.3 公众号运营

运营关乎公众号的生死存亡，本节我们从公众号运营计划、公众号内容、群发、数据分析、爆文打造几方面来谈微信公众号的运营。

7.3.1 实现目标需要运营计划

从大运营的角度来说，公众号运营的基本步骤是，首先做竞争分析、受众分析和目标设置，确定公众号功能以及内容布局，其次进行公众号的建设，包括名称选择、注册、基本信息设置等；接着是功能的呈现，内容的组织、发布；然后就是通过周密的运营策略，着眼于用户运营、内容运营、活动运营等方向，便粉丝量逐步增加，阅读量逐步增加，粉丝互动频次增加，盈利转化增加等运营指标；另外还需要对阶段性运营数据进行分析，对产生的效果进行评估，用于及时调整运营策略或者进行 KPI 考核。

公众号的运营计划对于企业公众号来说显得更为重要，与个人运营的公众号可以谈情怀，慢慢养号不同，企业公众号的运营往往是公司员工在负责运营，任何公司都希望尽快见到员工的成绩，无可厚非。但实际生活中往往会有矛盾：公司领导层以为运营既然标榜自己四两拨千斤，那为什么都一个月了，粉丝、阅读量才这么一点点，网上不是有很多“日均增粉 1 万”“1 个月文章阅读量 10 万 +”的技巧吗？而微信运营人员会说，微信运营是持久战，不能靠一招鲜，一天粉丝破万这种神话听听就好，企业公众号真正的目标用户很窄，粉丝要的质量，不是数量，需要长期坚持下去，一步步实现目标。诚然，站在不同的岗位和角度，两种说法都各有立场，但这两种立场必须要达成一致，才能最终实现目标。否则，要么领导认为运营人员无能力，要么认为成效太慢，急功近利地取消了运营良好的公众号项目；要么就是运营人员无限期的消耗时间和资源，交不出答卷。这种情况在实际工作中很普遍，解决的思路就是共同商讨公众号运营计划，然后按照计划投入资源，阶段性地分解、执行、评估、改进，再循环，如此，才能顺利地完成目标。

7.3.2 内容和风格要独具调性

内容既是最终呈现给用户的“产品”，又是最终传递和实现公众号价值的“桥梁”，所以说，内容是公众号品牌和价值的直观体现，具体体现在两个方面：一是公众号内容主旨，二是公众号内容风格。因此，要从内容选取和展现风格两方面入手形成公众号的个性，让公众号与其他的公众号有差异性。

首先，在内容选取上，构思、选题、策划、制作、撰写都要指定专人负责。要结合公众号定位与公司拥有的资源来规划，确保有长期稳定的内容输出。公众号内容规划要细致，要按年、按季度、按月的规划好相关的选题、专题、和系列内容，这样对于用户来说，可以长时间地通过公众号，详细系统地了解行业相关的知识，而不是每天接受杂乱无一章的内容。同时也能帮助公众号运营人员理清思路，每天按照规划好的选题思路来组织内容，而不用每天都思考今天推送什么内容，明天推送什么内容。这里依然需要重申，要兼顾公众号的营销属性和媒体属性，内容布局上，建议以企业为核心的产品推广、品牌宣传、企业活动等内容占 1/3 以内，以用户为核心的行业新闻、行情动态、行业知识等内容占 2/3 以上。

其次，在内容风格上，要根据确定的平台调性，采用一些幽默、夸张、悬疑等修饰手法让内容更具有活力，进而让粉丝能感觉到这个平台是一个有活力的人在运营，而不是一个 CV 搬运工（只会复制、粘贴）在机械地干活，感到亲切而有力量。包括通过对话、留言回复、粉丝群等跟用户沟通时，也要与内容的调性相符。有了明确的文案调性之后，还需要漂亮的排版以及相应的配图。目前有很多不错的微信排版工具，功能素材都很丰富，稍加学习就能做出漂亮的排版。

7.3.3 群发重在质量而非数量

微信公众号推送信息要定期发送，订阅号最好每天都发送，实在没有条件，需要降低频次的，也可以选择每周抽固定的日期推送，固定时间推送内容有利于培养用户的阅读习惯——到点了有图文就阅读了。关于公众号推送在哪个时间更好，仁者见仁智者见智。每个微信号的发送时间都不同，基本上全天 24 小时各个时段都有公众号在推送内容，还是要跟据用户的阅读习惯来定。可以做一些运营测试，在内容调性基本稳定一致的情况下，选取不同的时间段，分别推送 1 周左右，做好数据记录，通过对比实际效果来确定。也可以通过用户调研，让用户选择希望推送的时间，看在哪个时间段最合适。另外，微信公众号后台的图文分析有个功能叫“小时报”，可以去看公众号全天各时段的图文阅读次数，多跟踪几天的数据做对比，排除现在推送时间段那两小时，看哪个时段阅读最多，也可以说明这个时段值得测试。

推送的信息要抓住重点，不要长篇大论，每篇文章尽可能精简，主旨内容尽可能不超过两屏，要充分利用好微信的阅读原文功能，将延伸阅读的内容折叠到“阅读原文”，如果有用户真的感兴趣，可以继续通过“阅读原文”阅读。再者，微信文章中图片不能过多，3 张以内即可，而且图片要经过压缩，一是打开速度快有利于用户体验；二是如果图片太多太大，太浪费用户的流量，小编们每天对着电脑用 WIFI 感觉不到流量的重要，但很多商务人士经常奔波在外，如果真的看一篇文章浪费 2M 流量，可能会吓跑用户的。

推送信息的数量也要注意，同时推送的信息过多，就难以突出重点，用户也会有选择障碍，但如果信息太少，又不能满足不同客户的需求。除非有大量编辑团队的媒体，一般的企业公众号不会有太多优质内容输出，日常的信息推送，每次推 3 条就足够了，不妨我们站在用户的角度看待下这个问题，如果阅读一篇文章 5 分钟，三篇文章就要 15 分钟，如果他关注了 20 个公众号，就需要 5 小时才能读完。所以必须要明白两点，大多数用户不可能每次都会看公众号推送的信息，看公众号信息的人不可能每一天信息都会看，他们只会关注与自己相关或者自己感兴趣的内容，这就是为什么现在的公众号打开率都很低。因此，群发的信息质量比数量更重要。要避免凑信息，实在没有好的素材，哪怕只发一条也没关系，每一期推送的信息主旨要有不同的方向，目的就是满足不同用户群的需求。

7.3.4 分析数据持续优化运营

为便于企业了解公众号的运营情况，微信公众号提供了基础的数据分析功能。

公众号阅读来源分析

公众号用户分析：登陆微信公众号后台，可查看每天的新关注人数、取消关注人数、净增关注人数和累积关注人数 4 个数量的变化曲线。新增关注人数还按照来源分为公众号搜索、扫描二维码、图文页右上角菜单、图文页内公众号名称、名片分享、支付后关注、其他等 7 种来源。可以通过分析新关注人数来评价推广渠道的成效。

公众号图文分析：对于每一篇文章，微信公众号提供图文发出后 7 天内的累计数据，包括图文送达人数、图文阅读人数、分享人数、收藏人数，还进一步提供了公众号会话、好友转发、朋友圈、历史消息、其他 5 个阅读渠道来源。另外，阅读这篇文章的用户省份分布、性别分布以及手机机型分布也有统计。对于全部图文，除了具有单篇图文的统计功能外，还可以选择查看任意时间段内的图文数据、原文页阅读数，另外小时报功能，可查看每小时的图文阅读数。

公众号菜单分析：菜单分析用于查看自定义菜单栏的点击次数、人数，可以知道哪些栏目更受欢迎，哪些栏目需要调整。另外还有消息分析、接口分析、页面分析工具，相对来说用得较少。

公众号数据分析是公众号运营的晴雨表，公众号运营人员通过分析这些数据，能够总结经验，找到不足之处，更有针对性地调整改进，提升公众号运营的质量。同时，企业管理人员也有了考核评价运营团队的依据，运营效果好不好，是否有必要继续投入，用户增长是否正常，运营团队有没有违规刷粉丝，这些只需要对数据进行分析就能确定。

7.3.5 有爆点才可能打造爆文

很多公众号运营人员都希望能分分钟打造 10W+ 爆文，然而对大部分小编来说 10W+ 可遇不可求，特别是有些企业公众号，由于受众较窄及以行业的特殊性，很少有 10 万以上的阅读量，但打造高阅读量的爆文确实是每个公众号运营人员都应该追求的，大部分爆文的选题、素材整理、标题、内容、传播等各方面都是经过策划的。

首先，内容的选题和策划要紧跟实时热点、节日。列出一个每年必关注的关键时间节点清单。每个运营都应该有这样一个类似的清单，方便做营销推广活动，具体时间节点的选择要根据行业的特性，这个清单不一定只是节日、节气等，只要是能引起广泛共鸣的事件都可以，行业大型的展会、岁末年初的集体催帐要账、行业工作人员集体放假等，都可以用来策划。

其次，爆文不在于质量有多高，而在于产生高质的情感共鸣。只有得到读者的高度认可才会愿意去感受文章，分享文章，才可能出现文章的阅读量蹭蹭上涨的结果。但如何才能获得粉丝的共鸣呢？对粉丝来说这样的内容一般符合以下某个条件：第一，内容与用户“有关”，值得炫耀一番；第二，标题很劲爆，让人兴奋；第三，借势热点，认同文章价值；第四，有故事，可以寻找谈资；第五，内容简单，通俗易懂。用户喜欢就是好内容，只有抓住用户的痛点，和用户产生共鸣，才能满足用户的需求，才能增强用户的粘性，并通过他们进行传播。

7.4 公众号推广

除了通过正常的优质内容来吸引用户之外。我们还需要通过其他方法，去推广公众号。微信公众号推广的方法和渠道非常多，在这里归类为以下几种。

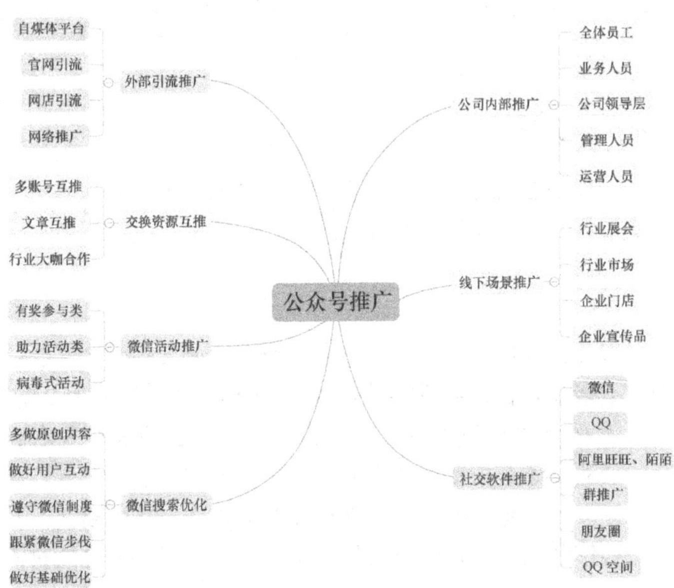

微信公众号推广方法和渠道

7.4.1 公司内部推广

公司内部推广这个其实很简单，就是发动公司内部的员工，充分利用公司内部同事的资源来推广公众号，对于运营初期的公众号而言，这是必不可少的一个环节。

- 公司全体员工尤其是业务人员都要有微营销的概念，要及时对公众号推送的内容进行转发、分享，要及时反馈目标市场的最新动态和变化，以便运营人员推出更合乎市场的内容。日常的工作中要自觉推广公司公众号，与客户谈判时加个好友，加个公众号应该也是非常简单的事情。每个业务人员个人微信号上都会有几十、几百个行业相关的朋友，要主动将公众号推荐给他们，公众号会帮你每天推送信息给客户，会逐步加深客户对公司品牌的认可，对你开发业务大有裨益，所以千万不要认为公众号与业务人员没关系。

- 公司领导层要带头关注，推荐公众号，所谓人以类聚，物以群分，公司高管人员所在的圈子与普通员工不同，在一定程度上算是行业的“大咖”，有机会结识和吸引行业更多大咖。因此，如果公司高管人员能每天转发1～2篇公众号文章，并做一些关注引导的话，也能吸引部分大咖关注，要知道，层次越高的人，越懂得相互捧场。更为重要的是，高层人员的“号召力”大大提升了公众号的推广执行，我有个朋友的公司，曾经发过内部公告，要求全体员工每天必须转发至少1篇公司公众号推送的文章，没几个人照做，问我有什么办法。我就建议他，每天在公司高管工作群推送一篇文章，让高管们转发一下试试。部门经理、员工一看，自己的领导都转发了，一定要赶紧赞一下并立刻转发。

7.4.2 线下场景推广

线下场景推广，就是在目标用户群出现的场所进行地推，或者广告投放。B2B企业用户群最常见的场景有以下几种。

1. 行业展会

每个行业都会有各种规模的展会、发布会、市场交流会等，这些会议是企业推广公众号的重要场所，因为行业展会、发布会等活动是目标客户集聚的场合，此时进行微信宣传效果绝对不错。大部分行业展会都是3天左右展期，不管是参加展会的展商，还是去参观展会的观众，他们的特点都一样：来也匆匆去也匆匆。参展期间都是绝对的忙人，都有大量的走访、接洽要谈。基于这一特点，在展会上推广公众号，要简单粗暴，不要让用户投入太多的时间思考。

因此，在展会上常用的推广公众号就是“关注送好礼”“关注领红包”“关注送资料”等，而且最好在明显的位置标明具体送的礼品是什么、红包金额有多少。礼品选择要贴心，比如夏季参展，在现场赠送1元的冰冻水可能就很吸引人了。如果还做了“关注抽奖”等活动，要有详细的活动计划，因为活动越复杂，就需要更多的人力来做现场控制、解释规则、礼品核发等工作，不提前计划会很混乱。

2. 行业市场

全国各地针对某类产品的专业市场非常多，如机电市场、建材市场、钢材市场、布料市场等，这类市场都是某种产品的交易集散中心，大量的商家店铺每天吸引着大量的采购商前来找货买货，也是目标用户集中的重要场合。行业市场的特点就是每天的人流相对稳定，不会突然增加或者减少太多，你去与不去，用户就在那里。基于这一特点，在行业市场上推广公众号要侧重于展现价值，传递价值。

因此，在行业市场推广公众号常用的办法有“发传单”“固定展台”“广告车”“露天广告”“参加聚会”等。并且，由于行业市场商户多、面积大，在推广公众号的同时，往往还会同时进行产品推广和公司品牌推广，以便充分挖掘最大价值。

3. 企业门店

有的B2B企业也会在各地铺设分公司、样品展示厅、市场门店等，这样就会有潜在客户前来咨询。这种情况也是推广公众号的最佳时间，而且用户给位精准。可以有接待人员面对面的请到访者关注，对于接待群体来访者的展厅等，可以放置易拉宝等广告，到访者关注后可赠送纪念品进行感谢。对于有网络的门店，还有更好的办法，就是接入WiFi，到访者只需要用门店的网络，就自动关注公众号，也省去了来访者输入密码的麻烦。

4. 企业宣传品

企业的宣传片、印刷品可以引入微营销的内容。企业宣传册、产品手册、员工名片、产品包装等地方都可以打上二维码，甚至可以为公司各类报告、文档模板、公司定制的各类礼品也都打上二维码。需要注意一点，公众号的二维码独立出现没有多大意义，需要配一段文字加以说明，一是告知公众号的价值和用途，二是引导用户关注，别小看这段文字，这关系到公众号推广的转化率。

7.4.3 社交软件推广

B2B企业用户群最常用的社交软件是微信和QQ，也有用阿里旺旺和陌陌的。

你可以充分利用这些社交软件，广泛添加行业用户，多建群加群，然后进行公众号推广。社交软件推广要注重方式方法，有序进行。

注册独立的推广小号是网络营销推广人员常用的办法。注册好后，将小号头像改成公众号二维码，设置个人资料来体现小号的价值，然后多添加行业有关的群，每天发布行业相关的新闻、行情、评论等，多和群友们交流沟通，将小号包装成“专业人士”，吸引人们注意，然后逐渐凭借情感纽带推送公众号。

另外，还有更直接推广手段、娱乐性地破费，也就是在群里频繁发红包，直接发硬广告，直接请大家关注或者帮忙分享。不过 B2B 从业者大部分都非常理性和注重个人影响，红包该抢就抢，但至于关注或者转发，还是要看内容本身。所以，大部分时候，在 B2B 群发红包也就是为了交流娱乐，真正的做任务发红包不太多。

除了群推广，有朋友圈 QQ 空间也是推广的重要手段。不过这需要小号在推广前先添加、导入大量的好友，后面个人号微营销会具体介绍。

7.4.4 外部引流推广

外部引流主要就是依靠微信以外的网络平台推广微信公众号。对 B2B 企业来说，主要推广渠道有以下几个。

- 自媒体平台引流，比如百度百家、今日头条、搜狐自媒体平台等。把公众号的内容发到这些平台，并在文章中穿插微信号推介信息，可以增加粉丝。但自媒体平台对注册有较高的资质要求，并且也需要日常维护、更新、运营才有可能获得，B2B 企业不一定有足够人力投入。
- 公司官网、网店引流，很多公司都已经建立的企业官网，也在各种平台上注册了很多企业商铺，这是公众号推广的重要渠道，可以在网页底部，首屏轮播图、“联系我们”等地方放置公众号的推介信息，二维码等。
- 网络推广引流，网络推广就是个特别大的话题了，能用的平台也非常多，一定要有的放矢，把握精准原则，可以将质量较高原创文章发到行业内的门户网站上，争取得到推荐，另外百度文库、百度问答、知乎等都是能吸引行业人的地方。如果没有专业的推广团队，也可以找微信营销公司或请专业的推手帮忙推广。

7.4.5 交换资源互推

互推是一个很好的增粉手段，互推就是寻找目标用户相同但是彼此没有直接业务竞争的公众号相互推荐。由于互推合作方都是精挑细选的，通过这样的互推方式获取到的粉丝非常精准。可以联系与自己公司用户群相似，粉丝数量也差不多的公众号互推。当然联系行业内一些门户网站或者大企业进行互推也是有可能的，因为大家都有 KPI 指标。

1. 多帐号互推

我们平常会看到一个账号，它有篇文章是专门推荐一些公众号的，一般是 10 个左右，内容会有简介、ID 以及二维码等，这就是最常见的互推方式。这些粉丝差不多又具有共同用户群体微信账号，联合起来编辑一条内容介绍参与互推的这些公众号。然后大家在群发多条图文的时候，都选择其中一条推送这个内容，从而达到了互推的效果。10 个拥有 10 000 粉丝的公众号互推，假设每个公众号的图文打开率都是 10%，那么每一个公众号都会曝光 10 000 次，并且有 9000 次属于新推广的曝光，这种资源互换的方法非常有效。

2. 文章互推

如果公众号粉丝数很少，不好找到互推合作方，可以用文章来合作。如果有好的文章，可以投稿给相关的公众帐号，在文末留下你的公众号信息，只要你的文章足够有价值，即便是大号也很欢迎好文章。

3. 与行业大咖合作

关注行业大型企业的掌门人、行业协会的领导、行业内知名的专家等行业红人，通过引导让他们做转发。有两种办法可以有机会和他们合作，一是资源交换，可以通过约稿、顾问等形式，购买他们的一些“服务”，与他们合作。二是直接包装宣传他们，对他们在各种场合发表的行业观点，或者他们企业的最新动态进行正面报道，以便得到他们的认可转发。

7.4.6 微信活动推广

微信营销活动的种类非常多，策划用户有兴趣，或者能吸引用户眼球、引起用户共鸣的活动，让用户觉得很好玩，或者很有意义，乐于主动参与并分享传播。同时，比如各种规则很重要，除了让用户能看明白外，也要设置参与门槛，比如参与需要提前填写公司名称和手机号，待审核通过后才能正式参加。

否则，很可能粉丝倒是增加了不少，但没有价值，都不是目标用户。微信营销活动主要有以下几类。

1. 有奖参与类

有奖参与类活动除了表面上的娱乐性外，主要抓住人们的贪婪心理，期望不劳而获或者占小便宜。所以活动策划要注意两点：一是简单，用户不需要太多的思考和不用做太多的动作，就有可能拿到奖；二是奖品设置要分散，除了有用来吸引人的大奖外，小奖也要多，大部分参与者最终都有奖。常见的有奖参与活动有口令发红包、留言回复有礼、晒照有礼、转盘抽奖、游戏抽奖、有奖问答等。

2. 助力活动类

助力类活动除了对活动参与者也是宣传外，也满足了用户希望受到他人关注的心理。所以这类活动的主要特点就是给参与活动者一个足够大的诱饵奖励，当用户号召一部分好友帮他完成特定的任务后，才能获得奖励，而且这个奖励大部分时候不只是物质上的，更多的是获得某种殊荣、满足感、优越感等精神奖励。常见的助力类微营销活动有砍价活动、投票活动、限时游戏比赛、积攒活动、问答比赛、拉新有礼等。

3. 病毒式活动

病毒式活动可以说是传播的一大利器，主要就是结合社会热点、行业惯例等，通过好玩、有趣、有价值的内容满足用户的参与感，促进病毒式传播。曾经风靡过一时的病毒式活动有趣味的工资单、卡通证件、大咖微信对话、表情包、性格测试、前世测试等。病毒式活动可遇而不可求，但分析成功的案例后发现，病毒式活动所借助或传播的“介质”一定是高大上的，所表达和诉求的情感一定是真善美的。

微信活动大部分是需要专业的营销团队来策划和执行的，虽然会涉及到费用，但最终算下来性价比还是蛮高的，比如你让一个员工花一年的时间给公众号号增粉到两万，这一年的时间，工资、社保等费用也要几万，而这些钱如果用来做活动，可能只需要几个星期，就能带来更多的粉丝，只可惜这笔账很多中小型企业没算过。

7.4.7 微信搜索优化

有内容的地方就有搜索，有搜索的地方就有排名，有排名的地方就有优化。微信搜索越来越受到腾讯的重视，可以预见，争对微信搜索的 SEO 研究将变得越来越重要。其实，不管微信搜索排名的规则和算法有多少，只要抓住以下几点核心就能从容应对。

1. 多做原创内容

微信虽然有庞大的用户群，但微信本身也很注重用户体验，也很希望把最新最有价值的内容展示给搜索用户，所以不管在哪个平台，都是这个道理：内容为王。

2. 做好用户互动

在这里举个例子，假如微信生态一共有 1000 万用户，1 万个公众号，每个公众号均分 1000 粉丝。那微信官方怎样评价哪些公众号更受欢迎呢？粉丝的互动频次肯定是重要指标，所以要让公众号活起来，多鼓励粉丝参与互动。

3. 遵守微信制度

虽然微信对公众号没有信用等级区分，但要多研究微信官方发布的制度，获得更多的信任，至少不要出现违规行为。

4. 跟紧微信步伐

微信作为一个平台，每一个公众号都是微信的一个注册用户，所以微信官方推出什么新功能，比如微信认证、微信支付、小程序等要多使用。微信官方也希望自己推出的每一个产品都能有铁粉捧场，有好的资源自然也是铁粉优先。

5. 做好基础优化

基础优化，就是指标题优化、关键词设置、关键词密度、文章摘要等 SEO 优化基础内容，不管什么平台，其原理都差不多，敬请读者查看本书相关章节。

7.5 个人微信号营销

7.5.1 个人号也风牛

如果企业想在微信这个生态圈里建立一套高效的营销系统，个人号和公众号共同配合才是最好的布局。甚至在一定程度上，个人号更有价值，为什么呢？

首先，B2B 企业的营销团队都不多，很多中小型的企业只有 2、3 个人负责业务，而运营公众号需要每天花时间寻找有价值的内容来组织文章，要想把公众账号经营好是一件很困难的事情。个人微信号管理起来很简单，跟潜在意向顾客进行互动、交流与和朋友、家人沟通并没有什么不同，不需要太专业的编辑能力。

其次，个人号更容易和客户建立关系，微信营销要影响的是一个个真实的人，最有效的方式就是营销人员和营销对象去建立一对一的联系。个人微信能起到一对一的快速沟通，并且产生信任感，突破信任是关键的销售环境，只有顾客产生信任感，成交才有可能。

另外，B2B 业务和 B2C 业务在成交场景上有极大的不同，B2C 就好像是现代战争，不太需要直接和消费者面对面接触，导弹发射、战机空投，一大片消费者就倒下了；而 B2B 则像是古代战争，得冲上去一对一的应战。一个个人微信号最多可以加 5000 个好友，作为 B2B 业务，每个业务员能一对一的和 5000 个潜在客户沟通，已经足够了。

7.5.2 个人号基础资料设置

微信的基本资料包含头像、昵称、微信号、地区及个性签名，设置界面在微信的—我—头像，点击开就可以看到。既然决定做微信营销，以后微信就成为商务工具，做生意就要讲排场，形象气质都得给人良好的第一印象，所以微信资料要认真对待。

1. 头像设置

建议选取清晰度、亮度比较高的真实形象，以能看清五官为好，给顾客以视觉上的美感，更容易增加粉丝。B2B 业务客户信任非常重要，所以最好用真实的本人商务照片，实在对自己不放心，那就找人设计卡通照、沙画照片也不错，万不得已用企业 logo、产品 logo 也好。但不要放不修边幅、毫无美感的照片。

2. 昵称设置

取一个简单好记的昵称，通常用公司简称、行业词、个人称呼组合就行，比如：阿里马云、电商人罗四侠、布郎小赵等，可以带上表情符号，显得有亲切感，但是不要多。不建议用一堆火星文、繁体文，让人感觉莫名其妙，要在商言商，尽量包含个人真实信息。

3. 微信号设置

微信号就像网站域名一样，让人容易记住，或是看到这个号能联想到你是做什么的。不建议过长，也不要太复杂，如果个人手机注册，可以与个人姓名相关，如果用的是公司手机注册，可以与公司名称或者产品相关。如果已经设置了微信号但又不好记忆，可以绑定手机号、QQ 号，以后可以在加粉的时候，告知用户手机号、QQ 号就可以。

4. 地区设置

地区设置一般就是人在哪常驻，就设置在哪个城市。也有设置为故乡地址、现户口地址、公司所在地地址、甚至手机号所在城市地址的，这个根据业务需要就行。但不建议设置个海外某个岛屿之类，会让人觉得像个骗子。

5. 个性签名设置

个性签名就是展示个性，幽默、可爱、工作狂、游侠族都行。一定要突出自己的个性，因为别人加你的微信，第一眼就可以看到你的个性签名，这是对你的第一印象。个性签名中不要忘记放下你的宣传目的，如卖产品或是提供什么服务。如：登山则情满于山，卖布则心系于布。

7.5.3 微信批量添加目标客户

我们都会通过手机或 QQ 和客户沟通，当绑定 QQ 号和手机号后，只需告诉客户搜索我们 QQ 或手机，就可以加我们微信了，省去记微信号的麻烦。步骤是：点开微信端右下角，“我—设置—账号与安全”，按照提示就可以绑定 QQ 号和手机号。目前，1 个微信号只能绑定 1 个 QQ 号，1 个微信号也只能绑定 1 个手机号，但可以更换绑定。

我们除了宣传自己的微信让别人主动加我们之外，更多都时候还是我们去加别人。B2B 客户下游往往都比较分散，总不能一个个去拜访要微信号吧，有没有什么办法能更快速、更精准的家目标客户微信呢。

可以通过百度、电商平台或者行业展会等渠道，收集下游客户的手机号，整理成通讯录文档，然后用手机 QQ 助手等工具，把整理好的联系人批量导入手机。微信上就会显示“你有新的朋友”，然后你就可以添加，大多数下游商家都会同意的，具体流程如下：

1. 通过网络整理潜在客户手机号信息

- 分析公司产品，定位潜在客户群。比如纺织行业的纱线，潜在客户群为毛巾厂、织布厂、针织厂等。
- 找到客户圈集中的网站。比如毛巾厂对应毛巾网、坯布厂对应坯布网、针织厂对应针织网。

- 百度搜索相关网站，确定1～2家客户群比较多的网站。
- 在该网站上逐条收集客户信息保存为excel格式文档，建立初步客户数据库。可以使用一些工具大批量的复制，记住，一个完整的客户信息至少包括手机号、公司名称、联系人姓名，能有邮箱、职位、QQ等信息最好，信息越多越容易分析有没有合作的可能性。
- 查看分析初步整理的客户数据库，将不对路的名单剔除，形成比较精准的客户名单，备用，在下一步会用到。

2. 通过 PC 端将联系人导入到 QQ 同步助手

- 打开QQ右下角的应用管理器。
- 找到通讯录打开，启动QQ同步助手。
- 在更多操作列表，选择导入联系人。
- 选择excel方式，下载固定的模板。
- 按照下载的模板，调整客户名单样式。
- 上传已经整理好的客户名单，会显示成功字样。

3. 通过微信同步通讯录到手机

1）启动手机同步助手

在微信端右下角选择“我—设置—通用—功能—通讯录同步助手——使用同步助手”，如果是第一次使用，会提示下载 QQ 同步助手，按提示下载安装。

2）同步通讯录

启动 QQ 通讯录同步助手后，用在 PC 端导入客户名单的的那个 QQ 登录，会直接提示“点击大按钮启动联系人与软件同步”，这样手机通讯录里面就会有导入的客户名单了。

3）添加通讯录好友手机号

在微信端右上角选择“+ —添加朋友—手机联系人—添加手机联系人”，一般已经是好友的会显示已添加，不是好友的会显示出来“添加”按钮，直接手动添加就可以了。

批量加好友整个过程下来看起来比较麻烦，假如只是几个手机号的话，一个个查找添加就可以，但如果要添加成百上千的好友，一个个查找添加就不合适，用这个方法就很有优势了。另外注意，虽然可以一次导入几千个联系人到通讯录，但添加好友不能太急，如果在一天内添加好友数量过多，可能会被腾讯判断为恶意添加，每天添加好友数量要尽量控制在 100 个以内。

7.5.4 微信号精准营销

微信可以记录多达 5000 个客户的资料，并且能和客户进行沟通，对客户进行分类，可以说微信具备了很多客户管理的必备技能，是一个很实用的 CRM 客户关系管理软件，可借助其进行精准营销。

1. 用微信进行客户精准分组

如果您的微信好友过多，大多数时候我们会记不住微信好友的真实姓名，如果你想利用个人微信去影响身边朋友，就一定要标记好每个用户名称。可以利用微信的备注功能对用户进行分组管理。添加备注的方法是：打开微信通讯录—找到好友—点击好友头像—详细资料—点右上角进入资料设置—点击设置备注及标签，然后进行备注。接着点击“备注名”就可增加好友备注；备注信息包括备注名、电话号码、描述、附加图片、标签。备注名可以用来记录客户的公司、需求、姓名等信息，电话号码顾名思义就是记录客户电话了，描述可以用来标记客户的特点、客户爱好、在什么场合认识等，标签主要是给客户进行分组分类，比如按照业务开发进度、按照客户行业、按照地区等。在这几项备注的，标签的功能最强大，同一个用户可以备注多个标签，同一个标签下也可以添加多个用户。

2. 用微信进行精准信息群发

不管是订阅号还是服务号，都有群发信息限制，而个人微信号目前没有限制，可以不限量每次向 200 个人群发信息。群发操作在为“我—设置—通用—功能—群发助手—启用功能—开始群发—新建群发”。群发对象可以在通讯录逐个选择，也可配合标签功能，批量选择具有某一特性的用户进行群发，这样就更具有针对性了。比如，做毛巾加工业务的朋友，可以将客户设置“酒店毛巾客户”“出口毛巾客户”“礼品毛巾客户”“压缩毛巾客户”等标签。针对“酒店毛巾客户”这一类标签用户的群发，主要推荐毛巾的耐洗、可绣花定制等功能，而对“礼品毛巾客户”这一类标签用户的群发，主要推荐毛巾的高档品质、礼盒包装等特色产品，展开更精准的营销推送。

3. 用微信朋友圈进行精准营销

我们在微信朋友圈发图片和文字时，微信提供了隐私保护功能。一是可以设置谁可以看，包括只能给谁看和不给谁看，可以巧妙地利用这个功能进行精准营销。

7.5.5 如何发朋友圈的信息

毫无疑问，微信已成为信息传播与推广的主阵地。不过，随着朋友圈推销的广告越来越多，质疑和反对声也逐渐此起彼伏。大部分人的朋友圈里面都会有整天刷屏卖货的好友，我朋友圈就有卖女鞋、化妆品的天天刷屏，虽然知道人家的工作就是微商，在朋友圈发产品很正常，但是坦白讲有时候真的不喜欢，如果是陌生人就果断拉黑。可有一些都是朋友、同事，直接拉黑情面上感觉过不去，只能选择屏蔽朋友圈。

虽然 B2B 微营销没有微商那么泛滥，但仍然要思考怎样发朋友圈更有价值。怎样发朋友圈不会引起好友的反感。所以不管是写文案还是发朋友圈，首先都要有一个明确的定位：这条朋友圈的目的是什么？这条朋友圈给哪些人看？进而思考如何高精准的让目标用户看到朋友圈，又如何屏蔽非目标用户看这条朋友圈。为此，必须有计划有规律地发朋友圈，否则就算文案再好，发布的对象不精准效果也会大打折扣。

首先，要利用微信的标签功能对好友进行分组归类，比如待开发顾客、重点开发客户、已合作顾客、陌生人、亲朋好友、公司同事等，在发布的时候根据内容的相关性进行分组发布，比如发产品广告的朋友圈就可以屏蔽亲朋好友和公司同事，因为他们不是你的目标客户，看你的朋友圈广告对他们来说毫无价值，看多了就是骚扰。

其次，在每次发朋友圈时，都记得养成习惯，点击“谁可以看”按钮，设置可以看这条朋友圈的人，共有默认状态的“所有朋友可见”以及“仅自己可见”“选中的朋友可见”“选中的朋友不可见”4 种。

虽然从用户群上做了细分，但在内容上也要注意格调，不要每一条都是赤裸裸的产品广告。即便是宣传产品，也最好结合自己的工作和生活发相关的图片，这样看起来既真实又做了宣传。比如公司发货进货的照片，公司仓库照片、参加行业活动等的照片，要让人能感觉到真实又不做作。

7.5.6 朋友圈互动

朋友圈，顾名思义就是朋友的圈子，是新老朋友沟通交流的地方，不是滥发广告、灌水的地方，但如果真要和微信上的几千好友一一沟通，肯定没有这么多时间精力。

微信添加的很多陌生好友是从没有交流过的，如果干瘪瘪地问“有货要不要？”99% 的人都会回答不要。可先通过朋友圈实现交流与互动。微信好友所发的每一条内容下方，都可以赞或评论，要经常为好友发送的内容点赞，增强好感，同时也刷刷存在感。

第 8 章
营销执行，线上线下结合

前面我们提到，实际上网络营销成交法则比较简单。首先是要让客户能找到你的产品信息，其次是要让客户能在众多供应商中选择和你合作。第一步属于带来流量的问题，我们可以通过优化网页或者付费推广来实现流量增加。但是即便再多流量也不一定有用，最关键的是有多少能够转化为销量，也就是将访客转变为客户。

在天猫、京东等以消费者为最终客户的平台上，客户可以通过浏览供应商发布的产品信息来确定是否直接下单，但那属于消费品领域消费者个人决策行为，订单金额小。而在工业品领域，一个订单可能是几万、几十万、甚至几千万，面对的采购客户所做的也是企业决策。甚至，可能会涉及多人、多部门决策，因此完成订单可能还需要通过电话沟通、多轮商谈、甚至见面磋商等才能完成。但客户对我们的第一印象确实是从网络上开始的，我们必须要在网络上塑造良好的印象，这些印象就是通过我们策划的各种销售文案体现出来的。

8.1 编写企业简介

企业简介就是向他人推荐您公司的文字或图文内容描述，通过企业简介客户能够理解你公司的基本情况。通常来说，企业简介可以发布到公司网站上，也可以发布到电商平台上，还可以发布到个人博客、QQ 空间里供访客查看。企业简介一般包括下面这些内容。

- 公司概况：注册时间、注册资本、公司性质、技术力量、企业规模、员工人数等。
- 公司的发展状况：公司的发展速度、有何成绩、有何荣誉称号等。
- 公司的主要产品：产品名称、性能、特色等。
- 公司实力：销售网络、业绩情况、纳税情况、合作伙伴等。
- 公司文化：企业价值观、发展愿景、目标、理念等。
- 售后服务：写下自己售后服务的承诺。

在传统渠道有大量老客户的企业可能理解不了企业简介的重要性，因为合作过多年的老客户，往往知根知底。但是在网络上开发新客户，好的企业介绍是必不可少的敲门砖。通常来说，网络营销过程中，在如下情况下，客户会需要看你的企业简介。

当客户对你的产品初步感兴趣时，他会在网络上进一步了解你的公司信息，以确定你公司是否有供应实力，是否有必要和你进一步沟通。

编写企业简介要掌握如下原则。

8.1.1 切忌随意夸张

很多中小企业为了让企业实力显得更大些，通常会把某些数据特意夸大。适当的修饰是可以的，比如你去年销售额是 800 万元，你可以说接近 1000 万元，你也可以说今年要冲刺 2000 万元。但是诸如注册资本、占地规模、注册时间等这些客观内容切忌随意修改。有些内容夸大一点可以说是宣传需要，也可以说是奋斗目标。但在客观事实上随意夸大那就是诚信问题了。

8.1.2 切忌照搬照抄

现在网络上肯定会有其他同行的公司介绍，我们可以借用，但最好进行一定的修改。因为前面讲过，搜索引擎对重复的网页信息不欢迎，但更为主要的原因是，编写企业简介的目的是为了增加客户对公司的了解进而在众多公司中能选择我们，如果和其他公司一样，那就没有什么特色了。就像我们每个人都有自己独特的个性一样，我相信每个公司都有自己与众不同的地方。以我的经验，写出有特色的企业简介是着实要费一番功夫的，需要在安静的环境中思考、静心分析提炼、规划，才能着手动笔。

8.1.3 重点优势要突出

网络营销需要的企业简介毕竟是写给客户看的，那就要有意识地把我们的优势表现出来。这个优势可能只是通过一些很小的细节体现出来，比如用一张厂房大门图片以显示工厂生产实力，用一张行业知名人士来访的图片以表达公司社会关系等等。

8.1.4 准备不同版本

根据使用场景的不同可能需要不同版本的企业介绍，我们这里主要是销售部门用的简介，企业可能还需要招聘用的企业简介、融资用的企业简介、政府领导视察用的企业简介等。当然，有些专业的高手可能会把介绍写得在任何场合都可以用。

企业介绍案例

山东某纺织有限公司位于美丽的中国物流之都、书圣王羲之的故乡——山东省临沂市。公司以印染起家，现产业包含纺织、印染、铸造、物流、小商品加工以及进出口贸易，专业生产和销售坯布、印染布。自1993年3月投产以来，依靠科学严谨的管理和一流的企业战略，屹立纺织行业20年，迅速完成了从无到有的集团化发展，从零到行业前沿的惊人跨越！

公司认为，做产品永远也摆脱不了价格战、促销战的泥潭，最终都会是死路一条。公司要想生存和发展，必须将努力的焦点放在强项上，在长处争雄，不在弱处耗神，必须坚定不移的走品牌之路。在仔细分析了国内外市场的竞争状况后公司作出了做“让客户放心的坯布”的重大产品战略，把做“受人尊敬和向往的企业”作为全体某某人追求的目标。

“某某就是好坯布”，为了将品牌个性化，公司在同行业率先全部将产品质量等级定位为一级，只生产符合客户质量要求的坯布，全部坯布产品均按出口标准生产，全部坯布产品均可以漂白染色，以确保某某产品品质，“质量、品牌、服务”三个标准让某某迅速成为闻名国内外纺织界的利器。

为使管理水平和产品质量与国际接轨，早在2005年，公司就在行业内率先一次性全部通过ISO9001质量管理体系认证和进出口资格认证注册。一系列国际国内顶级认证的通过和有效实施，迅速规范了某某的各项管理行为，使企业管理水平、产品质量等各方面迅速与国际接轨。

由于产品定位准确，服务，客户对某某产品表现出了前所未有的极大热情。

目前，某某纺织产品成为沃尔玛、家乐福、七匹狼服饰、紫荆花、新郎西服等上百家国内外公司服装家纺订单指定坯布供应商。各项国际国内顶级认证的通过，更为公司的营销国际化打开了方便之门，公司产品已批量出口到美国、韩国、日本、印度、古巴、俄罗斯等几十个国家和地区，深受广大客户欢迎。

8.2 编写产品详情

不管客户从什么渠道知道我们，也不管客户采购数量的多少，当客户着手进行选择时，一定会货比三家，详细了解所购买产品的详细信息。在线下，这个产品信息的了解可能来自销售人员的介绍，也可能会通过印刷的产品说明书来了解。在线上，也需要对每一个产品的详细介绍进行编写，并一一对应发布出来。网络上这些具体介绍产品详细信息的页面，也称为产品详情页。产品详情页承载着一个公司、一个网店产品的整体实力和产品价值，它是真正架起采购商与产品接触的桥梁，有着举足轻重的作用。

很多时候，我们在看别人在网络上发布的产品详情页时，看不到产品的介绍，甚至直接空白，或仅仅是放了几章未经修饰的图片。或者即使有介绍，也只是叙述性的对图片作补充说明，毫无意义。也有些懂点网络营销操作的卖家，为了突出详情页的丰富，把全店所有的产品都陈列在这里，做一些花里胡哨的第三方免费的模板代码，不但展现不出重点传递的内容，还容易让人产生视觉疲劳。还有些习惯写文章的朋友，喜欢把产品写成软文直接发表上去，把密密麻麻的文字当成了介绍，毫无美感，恐怕很少会有客户有时间有意愿去看。 其实，在网络上，图文并茂的产品文案十分重要的，如果想让买家从直观的角度了解产品，就需要有图片的搭配，如果想通过一些介绍来让客户知道产品功能及质量，就需要配上文字描述。

编写产品详细页通常需要做以下工作。

8.2.1 提炼产品原始信息

写文案的时候通常是在产品原始信息基础上进行雕琢，所谓产品原始信息指的是尚未经过修饰、加工、整理、表现的产品或服务的基本信息，包括产品的名称、形状、材质、标签等，这些信息或许能够概括出产品是什么样子，但产品的内在价值、用途等可能难以体现出来。通俗一点说，我们最初拿到的公司产品信息是没有经过雕琢处理的，很原始的，可能杂乱无序、比较笼统，可能只有单一的叙述性。而我们做文案的目的性是很强的，就是要说服网络采购商来购买我们的产品。因此在编写文案时需要考虑采购商的采购行为，他们关注产品的哪些信息、他们的购买决策过程如何、他们会拿哪些产品与我们做比较。在处理信息的时候要记住一个原则：编写产品文案绝对不能无中生有、胡编乱造，其原则是将产品的原始信息进行提炼、排列、表达，使之更具有逻辑性、更直观。

8.2.2 挖掘产品核心卖点

我们要去了解产品在市场上的行情，了解行业内这种产品的详细参数，与自己的产品做一个对比。在对比中，找出自己产品的优势。最后突出自己产品的优点，重点体现出来。优点可以是原材料、产品包装设计、包装、功能、某一重要参数数值、售后服务、生产规模、提供样品时间、付款方式等。体现优点要诚恳直观，不可泛泛而谈，更不能自吹自擂，这一点很重要。诚信是基础，如果产品真的存在很明显的缺点，我们往往会打折售出，毕竟一分钱一分货，这时就大胆地去描述这些缺点，暴露产品缺点的同时也体现了你的诚实诚信，将缺点转化为优点。当然，我们还需要将优点转化为卖点。若没有卖点，客户便不会买你的产品，卖点越具体越好。“品质过硬、品质一流”不如“使用哪一家著名品牌的原料，使用哪一种行业一流的设备生产，进行了几道质量检验工序”来得有力,“价格便宜”不如“比同行同类产品便宜 500 元”来得有力,“最优质的服务”不如“我们的产品提供五年质保，我们的产品支持 30 天无条件退换”来得有力。

8.2.3 确定详情页主基调

任何一款产品通过提炼信息和挖掘卖点，就基本上能够确定产品详情页的重点内容了。然后就需要从更高的角度来确定详情页的基调，也就是一打开这个产品页面要给人什么样的感觉和印象。一般来说，产品详情页在色调、布局和营销上与店铺整体是相呼应的。如果你的店铺首页风格是高大上的话，说明你的产品可能是品牌产品或者新特产品。这种风格更要突出细节，要从各个角度来突出它的与众不同，要让采购商明白，对于这款产品来说，高大上是他的外表，小而美是它的内在，让他们敢于下决心购买。

8.2.4 布局详情页内容

布局产品详情页是一种艺术。好的布局，能让采购商感觉到店铺的实力和风格。布局不好，会直接给采购商造成不好的第一印象，甚至会直接离开页面，从而错失获得客户的机会。所以要想提高网店的人气和实际效果，产品详情页的布局也非常重要。

一般用户采购商在浏览网页时，都会从左往右、从上到下依次浏览，因此具体的布局对每一个行业每一个产品都是不一样的，只需要认真分析采购商心理，把采购商做出采购行为需要了解的内容、步骤罗列一下，将其中重要的内容排列在页面的靠前靠右位置。

一学就会的产品图片美化技能

推荐在线图片处理网站

能够处理图片的网站很多，只需要在百度搜索相关的词就可以。以下几个是笔者使用过，并且多年来功能一直很稳定的。

- 图片仓库
- 我拉网
- 美图秀秀网页版

图片简单处理工具

除了直接在线处理外，还有些非常简单的工具，只需要在电脑上动一下键盘就能操作。网络营销人员常用的有：

QQ 聊天窗口屏幕截图工具：QQ 聊天窗口的截图功能自带的画框、画圈、箭头、马赛克、加字功能等。具体位置在 QQ 聊天窗口上输入聊天文字附近找一个小剪刀图标。

美图秀秀电脑版：美图秀秀电脑版比网页版有更多的功能，比如自动抠图、批量加水印、批量加文字能。如果要同时处理多张照片，下载网页版进行批量处理效率高得多。

电脑画图功能：基本上每台电脑上都有画图工具，能实现图片加文字，调整大小，图片旋转等效果，也比较简单。

你身边有图片处理高手

实际上，现在有很多的图片处理工具笔者也从没有使用过，但是我们身边有很多人都在用，如果需要，你可以随时找你家里爱自拍的美女，让她告诉你更多的美化工具。

网络营销常用的图片处理技巧

那么刚才介绍的三个网站具体在网络营销应用中能做哪些事情呢？常用的有以下几个。

1. 1 分钟图片加文字或图片水印

用途：在网上进行操作时，我们经常需要考虑在图片上加上公司名称、品牌标识、特殊卖点、版权保护、联系方式等文字，或者加上公司 logo、商标形象等小图标，以便获得更直观的效果。

举例：如何在产品图片上加上公司名称和电话？如何在工厂图片上加上车间名称？如何在营业执照上加上“仅限 ×× 使用”？

推荐工具：

图片仓库 - 图片加字

图片仓库 - 图片加小图标

美图秀秀 - 添加文字、添加饰品

2. 不改变图片尺寸减小图片的容量

用途：有时候某个图片占用内存太大，没办法上传到网站上或是上传得太慢。这时候我们就需要优化图片，减小图片容量。

举例：图片超过 5M，不能上传？邮件附件图片太大，发送太慢？手机传给对方怕浪费太多流量需要压缩图片？

推荐工具：

改图宝 - 压缩文件大小。

3. 怎样截取图片部分内容（截图）

用途：有时候某个图片尺寸太大，我们需要给它去掉边角，或者我们只需要图片中的一部分区域。这时就需要用截图工具了。

举例：怎样截取网页上的内容？怎样只截取公司 logo 上的非文字部分？网上找的图片边缘有水印，怎么裁掉？

推荐工具：

图片仓库 - 裁剪图片。

QQ 聊天窗口 - 截图

4. 怎样截取圆形、心形

用途：大部分图片都是方形的，有时候我们需要截取圆形、椭圆形、或者其他形状的图片，以便获得特殊的展示效果。

推荐工具：

美图秀秀 - 电脑版 - 形状裁剪。

5. 如何等比例改变图片的尺寸

用途：有时候某个图片尺寸太小需要放大，或者太大但又不能截取使用，必须保留图片整理内容时，我们就需要等比例的缩放图片尺寸了。

推荐工具：

图片仓库 - 百分比缩放。

6. 怎样将几张图拼凑成一张（拼图）

用途：有时候需要在一个图片中展示多个场景内容，或者获得特殊的排版效果。

举例：怎样将各个车间的照片凑在一张图上？怎样将产品生产的各个工序排在一张图上？怎样将产品的全景图和细节图放在一张图上？怎样将我司优质产品和其他劣质产品放在一张图上对比出来？

推荐工具：美图秀秀 - 电脑版 - 形状裁剪。

7. 怎样将几张图合并成一张轮播煽动图片（闪图制作）

用途：有时候需要在一个图片上显示多个场景内容，但图片区域又小，不合适通过拼图实现时，我们就可以考虑图片轮播的效果。

推荐工具：

图片仓库 - 动画生成工具。

我拉网 - 在线制作 GIF 动画。

美图秀秀 - 动画。

8. 如何突出显示图片上的特殊位置

用途：有时候我们需要让人一眼看到图片上的关键内容，这时候就需要给图片加上一些指引，最简单的指引就是画圈、画横线或箭头。

举例：通过在图片上加箭头引导客户看旁边的细节介绍，通过加下划线突出产品的特征等。

推荐工具：QQ 聊天窗口 - 截图，美图秀秀。

9. 怎样虚化不想展示的内容（打马赛克）

用途：有时候图片上的部分内容不便于公开展示时，或者需要特别突出某些内容时，需要将图片上不需要的部分隐藏起来。

举例：怎样遮住身份证照片中的身份证号码？

10. 图片格式转换

用途：某些网站会特别要求只能上传特定类型的图片，这时我们就需要将其他类型的图片转换成需要的格式。

推荐工具：我拉网 - 图片格式转换。

以上仅只是介绍了网络营销中最需要了解的基本图片处理，实际上上面的有些工具你也可以用于生活中。多研究一下，就能在图片上给你的爱人增加搞笑的胡须，给你家里的小朋友加上可爱的小辫子，让你的生活增添很多乐趣。如果你还想做得更专业，有 Photoshop 等很多专业的工具可以使用，鉴于本书大部分读者不必要使用，这里就不做介绍了。

8.3 整理并设计产品报价单

产品报价单是最常见的商业活动文件，行业与产品不同，报价单会有所不同，一般情况下完整的报价单包括公司通用唛头、产品基本资料、产品技术参数、价格条款、数量条款、支付条款、质量条款、交货期条款、品牌条款、原产地条款、报价单附注的其他资料等。

产品报价单在传统营销也广泛使用，通常会通过传真、邮寄、宣传单的形式发给采购商，在网络上，一般用于配合线下，通过邮件、在线传输文件、网上下载等方式发给采购商。

网络上有很多适合各行业的产品报价单模板，大家可以通过百度文库搜索“您的产品 + 报价单”下载修改即可使用，如“坯布产品报价单”“钢材产品报价单”“塑料产品报价单”等。

有很多业务老手，对自己所销售的每一款产品都烂熟于心，能随时根据情况计算出价格报给客户，并没有做产品报价单的习惯，并且觉得报价单太麻烦，实际上这是订单转化少的原因之一。首先可以肯定的是在客户初期合作阶段，价格绝对不是唯一的因素，你应该通过报价单传递出更多优势。其次，当所有人都只是简单地报价而你给出了专业正式的报价单后，客户会觉得你非常负责，你所在的公司管理规范严谨，会给你增加印象分。另外，对每一次客户询价都以报价单的形式存档，也有利于你后期的订单筛选和跟进。如果你分析最近三年的报价单，你就会清楚地知道，这三年哪个客户向你询价了多次，但从未成交；哪个客户询价过后，你从未做过回访；你会知道，哪个客户的实单多，需要重点维护。在信息大爆炸的时代，数据已经成为重要资产，不管是个人还是团队，必须要意识到数据积累和分析的价值，绝不能放弃每一次积累原始数据的机会。

网络营销常见文案还包括询盘回执、传真回执、邮件回执、聊天回执等，回执单一定要有标准的格式，以彰显公司的管理规范。另外，可能还需要编写软文用于推广公司新品、推广公司品牌、推广促销活动等场合。

8.4 塑造产品独特卖点

我们来分析网络营销塑造产品独特卖点的内容。主要包括为什么需要打造独特卖点，以及如何打造独特卖点两部分。

8.4.1 为什么要塑造产品卖点

关于产品卖点，如果是在线下商场购买东西，店员通常都会给客户做销售解说，以便促成销售。传统渠道的拜访式销售或演示型销售也一样，销售员都会给客户一些直观的销售资料或者实物，配套相应的销售说辞，即便是在饭桌上聊一些看起来不相干的话题，都会悄无声息地把产品的卖点表达出来。

对于网络营销来说，用恰到好处的表达出产品的卖点更为重要。

1. 网络展示的局限性

相对于线下的实物展示或者当面沟通，网络营销的展示有一定的局限性，除了少部分特殊产品可以通过图片、视频等方式呈现外，大部分产品只是通过文字来描述，因此很难做到像线下一样的销售体验。

2. 网络采购的竞争性

相对于线下营销，网络营销场景面临着更为直接的竞争，绝大多数的产品，采购商很容易就可以找到替代品或者完全一样的产品。要想获得采购商的青睐，就必须表达出自己产品的独特销售主张。

现阶段，大部分正在做网络营销的 B2B 企业，并没有意识到提炼并表达出产品独特卖点的意义，所发布的广告信息要么只是罗列了基本的产品属性，要么千篇一律地贴上统一的广告简介，没有任何亮点值得采购商特别关注。经过调研，我们了解到主要是很多 B2B 产品的确是没有独立的特色，很多工厂生产的产品都是用同样的机器和同样的材料经过同样的工序出来的，同质化非常严重。这些产品传统销售渠道主要靠关系、靠低价维持，到了网络营销时代，这一路径越来越难了，必须要塑造出产品卖点。

具体来说，塑造产品卖点要遵守四个原则。

8.4.2 提炼产品卖点四个原则

1. 实事求是，不虚假包装

不管是做网络营销推广，还是做营销策划；都必须以实事求是为基本原则的，任何没有实际依据的虚假描述都是对潜在客户的欺骗，是不诚信的表现。因此，提炼卖点一定要以公司和产品的真实情况作为出发点。

2. 卖点不局限于产品本身

并不是所有的产品都有非常鲜明的优势，大部分常规的产品与市场上其他的产品相差不大，这个时候要基于产品本身提炼出卖点基本上很困难，因此这时候需要“塑造”卖点。可以尝试从公司的市场定位、生产与服务经验等方面去体现。同样规模的企业，专注于单一产品 20 年，与同事生产多个品种且只成立两年的企业，给人的感觉是不一样的。

3. 极力彰显差异化优势

有些时候，我们经营的产品正好属于行业新特产品，相对于市场上的同类型产品来说具有独特的价值，这个时候，就需要多方位去论证、去彰显这一独特价值，要让客户感觉到独特，首先你要能把独特性表达出来。

4. 自我赞美不宜太直接

基本上大部分人都不会说自己销售的产品有多差，都会去宣扬产品的各种好。因此如果你在产品介绍里说“品质一流、品质过硬”“我们的产品是市场上最好的产品”，实际上意义并不大的，只是比什么也没说稍微好一点。可以用更间接的方式来达到赞美产品的目的，比如可以通过展示客户评价，借助他人之口来赞美产品。

原则搞清楚了，那具体怎么来提炼呢？我们先来看看企业采购行为中关心的几个方面：首先产品质量要好，确保后续使用过程中不出现或少出现问题；其次产品价格要合理，不要明显偏高或者偏低，偏高可能超出预算，偏低可能存在潜在风险；再次供应商信誉要好，要能够守合同重信用，严格按照合同约定的品质和交期执行，出现问题要积极的解决和承担责任。因此对应的产品卖点也就是为了彰显这三个问题。

8.4.3 产品卖点：彰显3个方面16个优势

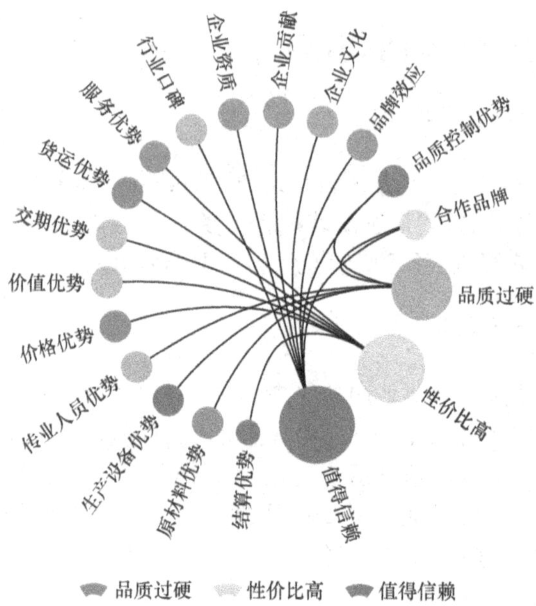

3个方面、16个优势

1. 要能反映产品的品质过硬

反映产品品质具体的点包括以下几个。

- 原材料优势：比如采用行业公认的优质原料，行业知名大型品牌企业生产的原料，达到国际较高标准的原材料等。
- 生产设备优势：比如采用最新的科技生产技术，采用新一代的生产设备，采用行业知名品牌的生产工艺等。
- 专业人员优势：比如高学历高资历的研发团队，多年从业经验的成熟操作团队，行业知名的专家指导团队等。

- 品质控制优势：比如行业高标准的质量管理体系，特殊的品质把关步骤，严格的次优品处理程序等。

2. 要能反映产品的性价比高

反映产品性价比高具体的点包括以下几个。

- 价格优势：比如因为享受税收减免、环保补贴、电费减免等政策，具有规模化生产优势等客观原因，使得公司的产品自带价格优势。注意，在把价格作为卖点时，一定需要客观的理由。主观上的有钱任性不能作为低价的理由。
- 价值优势：比如使用周期更长，使用效率更高，使用后更容易得到下游认可等。价值的优势也需要有客观的数据支撑，描述的也必须是一个客观的情况，不能凭空杜撰。
- 交期优势：比如生产效率比其他工厂快，同时能调动多台生产机器等。
- 货运优势：比如承诺直达客户指定的地方，承诺给国外客户空运，货物运输过程可跟踪等。
- 服务优势：比如支持免费看样免费打样，支持售后上门服务，帮助下游客户开发市场等。
- 结算优势：比如网络订单支持先验货再付款，支持7天无理由退换货，支持分批结算等。

3. 要能反映公司值得信赖

反映公司值得信赖具体的点包括以下几个。

- 行业口碑：比如客户的好评，员工的好评，同行的好评等。
- 合作品牌：比如是行业大品牌的供应商，大型国际国内活动的供应商，政府指定供应商等。
- 企业资质：比如各地纳税大户荣誉，各种正式的榜单荣誉，各种政府部门授予的资质等。
- 企业贡献：比如企业销售额、企业利润额、企业员工人数、企业公益贡献等。
- 企业文化：比如企业推崇的文化、企业相关文化活动专题等。
- 品牌效应：比如广告投播情况、媒体合作情况、宣传推广情况、品牌商标等。

以上内容基本上能涵盖常见的产品卖点。需要指出的是，对于每一个产品来说，根据特定的渠道和场合，着重的表达出两到三个卖点就足够了。就像一个人优秀的方面太多反而没有特色一样，一个产品表现出的太多卖点，采购商反而记不住。

8.5 妥善解决报价问题

在网络营销中，我们会经常遇到有客户来了解产品价格的情况，有时候一天可能就会接到好多询价。大部分销售人员都会凭借以往的经验，做一些分类回复。但时间常了，发现很多的询价并没有转化成实际的订单，这个时候网络营销人员就开始无视甚至排斥网络平台过来的询价，要么直接拒绝报价，要么随口报一个价格，其实这里面有很多细节的问题可以探讨。

首先，你必须要相信没有哪一个采购商会闲得没事来跟你要报价，采购商询价要么是确实有实单需要找供应商，要么是在寻找新的报价工厂来评价之前的供应商价格水平，要么是想调查了解某一个产品的采购成本，也有可能他就是你现在的竞争对手，来套取你的机密，但这种情况现在很少了，因为大部分的产品，其原料价格、生产工艺、销售利润都非常透明，不是什么机密。也就是说凡是询价的采购商都是有可能成为合作伙伴的。因此要认真测算成本、利润等因素后报出一个合理的价格，如果报价这一步都不认真，那么订单转化就会大打折扣。

8.5.1 常规产品随时掌握价格

对于公司常年经营的产品网络营销人员要时刻知道当天的销售价格，只要用心，这不是什么难事。基本上每个行业、每个企业都有自己固定的核价标准。实在不会核算的，就整理一个常规产品价目表，随身携带。一旦价格有变动就及时进行调整。

8.5.2 非常规产品随时核价

对于非常规产品或者订制产品，一般业务人员难以立即就能报一个合适的价格，千万不要报一个不客观的价格。这个时候要么直接告知客户你需要认真计算后再给他报价，要么给客户报一个类似或相近的产品的价格，明确表示还需要核算一下。这样既能体现出你的专业和负责，同时也能让客户感觉受到重视。

8.5.3 报价要及时

对于不能立即给予报价的客户，应当第一时间核算出详细的价格，然后回复给客户。特别是有些企业的网络营销人员只负责接收需求，具体业务会转交给业务部门，这时一定要明确告知业务部门需在十分钟以内回复报价。因为在网络上采购商十分钟以内就会联系上多家供应商，一旦你报价晚了，可能采购商已经向别的企业索样了，暂时不会接收新的报价。

8.5.4 报价要专业

所谓报价专业，指的是在沟通过程中，一是要多问客户问题，比如采购产品的用途、对于产品品质的要求、对交期和运输的要求等，要体现出你对采购商所询价的产品有足够的了解，让采购商相信你的专业能力。二是尽可能向采购商透露一些你报价的合理性，比如你的报价是基于原材料价格、生产成本、生产损耗、工艺处理、合理利润等方面来衡量，已经做到了很有诚意的报价。

8.5.5 报价要留余地

所有产品的价格都会存在浮动，工业品销售因为涉及的数量和金额都比较大，有时候同一个订单支付相差半天，都会出现巨大的差额。因此报价时要和客户说明可能的变动因素，比如原材料价格的波动、汇率的波动、订单采购数量的波动都可能会影响到报价的变化，这样有利于后期关于订单的谈判。

8.5.6 报价要跟进

很多时候，第一次报价客户不会直接响应。这需要我们的业务人员进行再次跟进，礼貌地向客户确认对方是否对我们的报价钟意，如果觉得不妥，向客户咨询其中的缘由，以便今后做出调整。

8.5.7 把报价当起点

必须要认识到，初次报价合作成功的概率非常低，因为网络上可能会有多达几十家的企业给采购商报了价格。你会发现，当你给采购商再次去电话时，他根本不记得你是哪一位，没有关系，再次礼貌客气地介绍自己，并且尽可能索要采购商的 QQ、邮箱、微信等其他联系方式，并预约下次沟通的时间。这比传统渠道陌生拜访好多了，您至少知道这是一个潜在客户，这一次没有合作，下次是否合作成功就完全看你从现在开始怎么做了，客情维护是传统渠道业务员的强项。

第 9 章

网络营销团队打造

9.1 网络营销岗位划分

要做好网络营销，需要搭建一个团队，网络营销团队可大可小，主要还是根据公司的规模和公司对网络营销的重视程度来决定，通常来说，一个网络营销团队包括以下岗位。

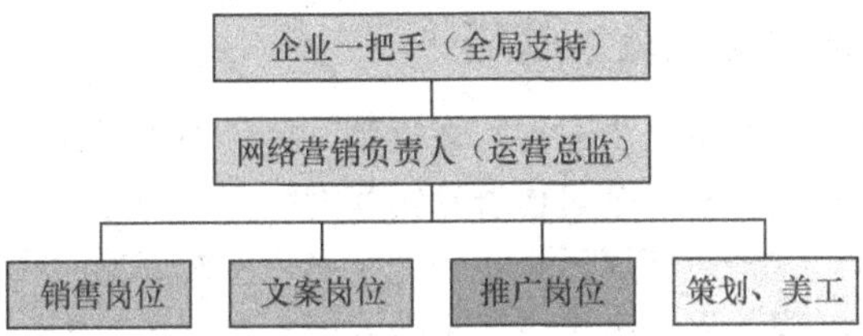

网络营销团队岗位安排

企业一把手：互联网营销圈大部分人都觉得，网络营销是一把手工程，也就是说只有企业的“一把手”才能把公司的网络营销做好。因为完整网络营销规划、执行、评估，涉及到策划、产品、销售、人事等多个环节，只有企业的“一把手”才能真正的理得清公司的网络营销战略，才能调动网络营销需要的资源支持。

企业一把手指的是一个公司里对网络营销业务负第一管理责任的人。这里的企业一把手指的是根据各企业的管理风格主要是指企业的关键领导岗位，包括董事长、总经理、销售副总等。一切需要网络营销负责人直接或者间接汇报工作的人，都统称为“一把手”。

网络营销负责人：一个公司里对网络营销业务负第一责任的人。

网络营销推广岗位：通过一切手段达到公司推广目标的人。

网络营销文案岗位：负责撰写网络营销所需要的一切文字工作的人。

网络营销业务岗位：把网络营销的潜在客户开发为客户的人。

网络营销其他岗位：以上所说的基本上是指每一个公司开展网络营销都应该会配备的基本岗位，有些刚开始网络营销的公司还有可能是一人多岗，也是常有的。实际上，网络营销根据每个公司业务发展阶段的不同，还会有策划岗位、美工岗位、产品经理岗位、采购岗位、编程开发岗位、运营运维等。比如以贸易为主的网络营销团队可能就会有采购和跟单岗位，以官网销售为主的公司就可能会有程序开发岗位，以自建电商平台为主的公司可能还会有专门的美工、SEO、数据分析等更细分的岗位。但一般不需要全职岗位就能完成的工作，建议分解到其他岗位或者以外包的形式寻求外部合作即可，太细分反而和网络营销应该有的高效率不适合。

9.2 企业一把手的职责

9.2.1 决定企业网络营销战略

企业的网络营销战略包括是否开展网络营销，公司中长期的网络营销规划，公司中长期的网络营销目标，公司传统营销和网络营销如何协调，公司网络营销投入预算控制等。这些事情属于企业一把手必须考虑好的职责。也就是说，网络营销负责人所考虑的事情大多是属于战术层和执行层的事情，对于这些战略层的事情，他不了解公司的整体层面的事情，是决定不了的。

我们以“是否开展网络营销”为例，在做这个决定前，需要调研行业的发展情况，调研行业网络营销发展情况，公司产品结构、人员结构情况，公司整体营销和发展战略安排等。做出的结果可能是公司层面不把“开展网络营销”作为战略，那就不会再有公司层面的网络营销安排。公司内部其他人员如果自主通过网络途径开展营销，也就成为了对其传统渠道的一个补充。一旦从公司层面确认要“开展网络营销”，那就会有一个公司层面的规划，来对应的有公司一系列的调整来支持。

所以，我特别认为，公司战略是绝对不会因为个别人员的变动就能受到影响的，否则那肯定不叫战略。

9.2.2 商定网络营销重要事项

前面我们已经知道，网络营销涉及面广，因此，为便于工作的开展，当你招聘到网络营销负责人时，应该首先和他一起商量、确定网络营销重要事项。

1. 公司网络营销短期、中期网络营销目标

通过明确目标，网络营销人员能知道自己在公司的奋斗价值和意义，也只有明确了目标，才能开展接下来的工作。

2. 全年的网络营销推广预算范围

网络营销必然会涉及到推广费用，一把手需要明确的告知预算范围，超出一定

的比例公司难以支持，预算太低又难以保证效果。因此这个需要在初期就根据公司的利润控制来确定好。这一条很重要，很多团队的问题就出在这里，刚开始时没有考虑推广预算，到最后很多计划搁置，导致项目失败。

3. 网络营销负责人的职位

职位其实是权利职责的重要体现，你需要综合考虑。这个每个企业的情况不一样。网络营销负责人的职位集中反映了网络营销这项工作在你公司的重要程度。我曾经和传统企业的一把手说：在原有的组织架构框架下，你定义为主管级别的网络营销负责人基本上是很难和你原有渠道的销售副总来谈公司资源协调的。同样，你定位为销售副总的网络营销负责人，也很难把传统渠道的业务员谈资源协调。所以为了后期工作的开展，这些东西一开始就要你来安排。

4. 网络营销负责人的决定权限

决定权限也要有一个说明，包括下属工资的范围、包括产品折扣的控制，包括费用批准范围。这些类似的权限范围，提前定好，以确保你不能及时批复时，网络营销负责人能自主决定。因为网络营销通常都会做一些活动，有些可能是参加某网站的团购，购买竞价广告等，时间一过也就错过了机会。

5. 网络营销负责人管理

包括薪资构成，包括与之相关的绩效考核评估，包括业绩提成等。这是激励团队的重要事项，不一定马上解决，但一定要在实际工作中慢慢地完善起来。

9.2.3 监督网络营销进展

企业一把手的另一个职责就是定期听取网络营销负责人汇报工作进展情况，对核心目标进行考核，并及时对存在的问题进行修正。通常情况下，上级考虑的层面总是会高一些，也容易发现下级工作中的一些问题。

定期听取网络营销负责人汇报这个事情特别要落到实处，从管理的角度来说，无论你作为一把手有多忙，定期和你的团队沟通是必需的，如果你的网络营销负责人能力欠缺，通过定期沟通，你能有效修正出现的偏差。如果你的下属本身是一个专家型的高手，也需要定期沟通。因为网络营销本身需要协调的面比较广，有些事情有了你的支持推进，更能获得事半功倍的效果。在网络营销这个领域，凡是真正的高手，一定是个时刻进步的人，他那里永远有新的东西需要你这个一把手认可。

9.3 网络营销负责人的职责

9.3.1 计划公司的网络营销中短期目标

网络营销经理需要经过充分的市场调研，通过公司网络营销的内外部环境，结合公司整体上的网络营销战略来提出一个初步的网络营销目标建议，然后和企业一把手一起协商确定。

9.3.2 分解和落实目标的跟进执行

目标确定后，怎么去分解，怎么去完成，需要网络营销负责人拿出一个可行性方案，包括重要的目标节点，人员和经费的计划，网络营销渠道和平台安排，如何确保按照计划完成目标的主要措施。作为网络营销负责人，能否做到对指定的目标胸有成竹，有计划分、阶段地去达成目标，这是真正权衡一个网络营销负责人能力高低的标准。优秀者得心应手，普通人边做边看。

9.3.3 网络营销各岗位的工作联动

网络营销负责人，要整体规划各岗位的工作，要确保每一个岗位都理解部门的目标，以及目标目前的进度情况。也就是说必须经常和团队各岗位通报和沟通，让每一个岗位都知道其对整个团队的贡献和支持，确保每一个岗位所做的事情，都是处在高效率达成目标的状态。

9.3.4 协调公司网络营销的内外部资源

网络营销负责人要善于规划和调动一切可用的资源，比如和传统渠道的业务部门和人员沟通内部合作的可能，和财务部门提前沟通可能需要的支持，和车间负责人沟通网络订单需要的特殊注意点，要和人事部门做好人才选用预留工作。内部关系是网络营销项目能否开展的前提，要是在关联平级部门或其他关键岗位处处碰壁，基本上都会出问题，这就需要网络营销负责人的处理能力了。外部资源通常是指媒体、网站、策划机构、广告公司、运营合作方等其他合作伙伴，这同样需要网络营销负责人积极的公关。网络营销负责人能调动的外部资源是网络营销项目的保证，一个不会处理内部关系、不会开发优质外部资源的网络营销负责人，是不合格的。

9.3.5 管理协调网络营销部门

网络营销经理的重要职责自然是团队管理，要和团队每一个岗位商定工作考评标准，要和团队成员沟通工作进展情况，及时发现并纠正存在的偏差，要及时弥补岗位人员的缺失。举个例子：有的网络营销团队，各岗位之间的工作没有相互的联动，推广每天不停地发布、更新信息，感觉很累。接线员每天也接到不少咨询，感觉也很累。最终转化为订单的很少，但到每一个各岗位时，都做得很努力。这种时候，多半是各岗位太过泾渭分明，没有整体对目标进行有效协作所致，此时应该网络营销负责人带领团队一起分析原因。

9.4 网络营销推广岗位的职责

9.4.1 确定网络营销客户群

网络营销推广岗位的首要职责是和网络营销负责人一起，确定网络营销的客户群。也就是要解决“我们要面向谁做推广”的问题。只有明确了要推广的用户群体，才能清楚地分析出潜在用户群的特征，才能进一步分析这些用户的网络行为（即用户在哪里上网，在哪些平台聚集，重点用户群体的年龄，用户是否用 QQ、阿里旺旺等常用通讯工具）。

9.4.2 网络营销平台选择

通常，网络营销负责人会和推广岗位一起确定几个比较重要的平台，但更多的平台需要推广岗位去挖掘利用。根据“广泛撒网、重点培养、主推一个”的方针。广泛撒网对应的成百上千的平台需要网络营销推广岗位去选择。

9.4.3 信息发布管理

信息发布是 B2B 推广人员进行推广的重要手段，也是现价段网络营销岗位的职责之一。除了根据信息发布和优化的原则发布信息外，还需要对发布信息的各个平台进行跟踪维护，需要对所有的平台有效的分配时间精力。

9.4.4 广告渠道管理

除了基础的信息发布外，推广岗位还需要进行外部广告渠道的开发，比如争取所发布信息的平台给予更多的流量推送，争取加入平台方推出的各种活动。争取加入下游客户集中的微信群、QQ 群，通过话题讨论或者发红包等形式，定期向潜在客户推送公司和产品信息。

9.4.5 了解主要竞争对手

推广岗位要想办法让客户找到自己、选择自己而不是同行。因此要做到对主要竞争对手的时刻监控。把控竞争对手主推的信息、最新的价格变动、最新的活动等等，要做到知己知彼。在 B2B 网络营销领域，竞争谈得还不多，因为大部分企业都在尝试阶段，很少有引起竞争对手重视的情况。这也正是目前 B2B 网络营销大有可为的原因之一，因为要在这个“蓝海”获得成功，你只需要比别人专业并提前布局。

网络营销推广岗位在整个网络营销团队中属于核心岗位，起着比较关键的角色。

9.5 网络营销文案岗位的职责

9.5.1 编写企业常规文案

根据网络营销的目的和推广岗位的需求：编写公司的简要介绍、品牌故事、成长故事、员工活动、团队介绍、合同模板等常规文案。

9.5.2 编写产品常规文案

针对公司每一款产品，对产品进行分类和编号。编写每一款产品的产品属性介绍、产品品质标准、产品用途介绍、产品主要特点、产品促销文档、产品说明书、产品库存和生产规模、产品售后服务等客户关注的常规文案。

9.5.3 编写品牌和产品宣传文案

网络营销需要通过新闻稿、品牌策划案等形式，有计划地对外推送一些文章，以传达特定目的。比如结合行业热点事件的分析吸引流量，比如对新产品性能的测试解读普及产品知识，比如公司内部活动稿、重要来宾到访新闻稿等，这些文案总是直接或间接地发挥着作用。

9.5.4 整理和转发行业重要资讯

对于“广泛撒网、重点培养、一个核心”方针对应的重点平台，特别是最后流量集中的一个核心，比如企业官方的网站、企业的微信公众号，是特别需要每天维护的。当潜在用户吸引来到主推的平台后，要让客户感觉你这个平台的价值。因此，除了刊载公司和产品的信息外，这个平台需要刊载一些行业人士关注的信息，比如重点行业新闻、行情资讯、职场文章等。

9.6 网络营销业务岗位的职责

9.6.1 拟定销售计划

网络营销业务岗位要制定明确的销售计划。为了完成公司既定的销售目标，需要制定详细的销售计划，包括销售目标分解到季度、月度，还要根据市场的变化规律，有效分配好高利润产品和普通产品的资源分配，及时和部门其他岗位沟通合作。

9.6.2 及时响应客户的咨询

因为网络推广所有的对外联系方式都指向业务人员，网络营销业务人员应该时刻保持 QQ、微信、手机在线，还要根据推广岗位的建议，装载部分网络营销平台的 APP、登录部分平台的账号，以保证客户在有咨询需求时，能及时看到客户的问题并处理。

9.6.3 跟进促成业务订单

从客户第一次开始咨询起，网络营销业务人员就需要通过客户开发和维护的一系列技巧和要求，实时掌握每一个客户的开发进度，特别要重视对网络客户的档案记录和管理，重点客户重点开发，否则可能猴子掰玉米，忙活一阵子所剩无几。

9.6.4 主动推销

作为业务岗位，除了等待潜在客户的咨询外，还需要主动寻找目标客户，进行业务推销。比如通过 QQ 群、微信群、行业展会、线下拜访等。B2B 业务开发过程不仅仅局限于线上，很多的情况还是线上初步沟通，线下实际去结交拜访。

9.6.5 客户订单跟进

不管公司是否有专门跟单人员，网络营销业务人员都应该跟单已售订单的生产、发货进度，所以要主动和供货方、生产车间、发货部门协调处理关系，尽可能保证每一个订单都按照合同的约定，按时按质完成，如果订单出现问题，要第一时间和客户沟通并给出处理办法。必须明确一点：网络营销上给要给客户良好的服务和超预期的合作满意度。

9.7 网络营销人才选用

网络营销负责人就实际经验来说，只有两种人才比较靠谱。一类就是企业内部创业人才，这种人可以通过创业激情带领团队取得成功，很多私企网络营销负责人由企业负责人或者接班人直接担任，就属于这一类；另一类就是专业的网络营销经理人，这类人可以凭借其在相关领域的资源和专业度，带领团队取得成功，我们能看到有企业愿意高薪去招聘那些有成功网络营销项目经验的人，不足为奇。

9.7.1 内部挖掘人才

从企业内部挖掘具有创业者素质的人才，具有以下优势。

1. 强力的成功欲望

有创业者素质的人通常都具有强力的责任感和拼搏精神，这类人总能够在团队中脱颖而出。因此，把项目交给这样的人，他能通过勤奋和努力来达成目标。

2. 内部关系熟悉

由于开展网络营销涉及的内部关系较多，内部具有创业素质的人平时也一定是注意人脉拓展的，因此公司内部挖掘的网络营销负责人通常比空降的外部人才更容易获得内部的支持。

3. 稳定性好

公司内部创业人才通常都是在内部已经找到适合自己发展平台，还有很多本身就是公司未来重点培养的接班型人才，这类人相对来说也是团队内部较为稳定的人。

9.7.2 外部招聘人才

1. 职业素质高

网络营销经理人具有职业经理人特色，他们可能不会终身待在一家公司，但他们把每一个岗位都当做是实现抱负的平台，他们以所负责项目的成功为己任。

2. 专业能力强

网络营销经理人通常在理论和实战上都有比较资深的经历，能够让企业在网络营销项目中少走弯路，项目规划也更为科学。

3. 网络资源广

网络营销经理人一般都会有特定的圈子，在人才吸引、行业媒体、网络平台资源上，会更能得心应手。

当然，优势和劣势是相对的。因此如果是内部挖掘的网络营销负责人，就需要给予充分的网络营销交流和学习机会。如果是外部招聘的经理人，就需要在内部给予更多的协调支持。

异步社区
人民邮电出版社
www.epubit.com.cn

欢迎来到异步社区！

异步社区的来历

异步社区（www.epubit.com.cn）是人民邮电出版社旗下 IT 专业图书旗舰社区，于 2015 年 8 月上线运营。

异步社区依托于人民邮电出版社 20 余年的 IT 专业优质出版资源和编辑策划团队，打造传统出版与电子出版和自出版结合、纸质书与电子书结合、传统印刷与 POD 按需印刷结合的出版平台，提供最新技术资讯，为作者和读者打造交流互动的平台。

社区里都有什么？

购买图书

我们出版的图书涵盖主流 IT 技术，在编程语言、Web 技术、数据科学等领域有众多经典畅销图书。社区现已上线图书 1000 余种，电子书 400 多种，部分新书实现纸书、电子书同步出版。我们还会定期发布新书书讯。

下载资源

社区内提供随书附赠的资源，如书中的案例或程序源代码。

另外，社区还提供了大量的免费电子书，只要注册成为社区用户就可以免费下载。

与作译者互动

很多图书的作译者已经入驻社区，您可以关注他们，咨询技术问题；可以阅读不断更新的技术文章，听作译者和编辑畅聊好书背后有趣的故事；还可以参与社区的作者访谈栏目，向您关注的作者提出采访题目。

灵活优惠的购书

您可以方便地下单购买纸质图书或电子图书，纸质图书直接从人民邮电出版社书库发货，电子书提供多种阅读格式。

对于重磅新书，社区提供预售和新书首发服务，用户可以第一时间买到心仪的新书。

用户账户中的积分可以用于购书优惠。100 积分 =1 元，购买图书时，在 0 使用积分 里填入可使用的积分数值，即可扣减相应金额。

特别优惠

购买本书的读者专享异步社区购书优惠券。

使用方法：注册成为社区用户，在下单购书时输入 S4XC5 使用优惠码，然后点击“使用优惠码”，即可在原折扣基础上享受全单9折优惠。（订单满39元即可使用，本优惠券只可使用一次）

纸电图书组合购买

社区独家提供纸质图书和电子书组合购买方式，价格优惠，一次购买，多种阅读选择。

社区里还可以做什么？

提交勘误

您可以在图书页面下方提交勘误，每条勘误被确认后可以获得100积分。热心勘误的读者还有机会参与书稿的审校和翻译工作。

写作

社区提供基于 Markdown 的写作环境，喜欢写作的您可以在此一试身手，在社区里分享您的技术心得和读书体会，更可以体验自出版的乐趣，轻松实现出版的梦想。

如果成为社区认证作译者，还可以享受异步社区提供的作者专享特色服务。

会议活动早知道

您可以掌握 IT 圈的技术会议资讯，更有机会免费获赠大会门票。

加入异步

扫描任意二维码都能找到我们：

异步社区	微信服务号	微信订阅号	官方微博	QQ 群：436746675

社区网址：www.epubit.com.cn

投稿 & 咨询：contact@epubit.com.cn